JN329062

ここがポイント！
性と生のはなし60選

編著
大戸ヨシ子
佐藤明子
村瀬幸浩

まえがき

村瀬幸浩

性教育というと教師・指導者が黒板を背に何十人もの子どもの前で話すものと思われがちです。予め用意した教材を使い、定められた指導計画に従って。いわゆる「授業」という形ですね。もちろんそれは、とても大切な教育の場面ですが、実際に昨今の学校現場では1年間に2時間とか3時間、多くても数時間、いやとても数時間なんてとれないのが現状のようです。それどころかむしろ性教育の時間が縮小、減少していく傾向にさえあるというのですから。

かわいそうなのは、子どもたちです。大人が性についてしっかり伝えたり、教えたり、考えさせたりしないまま、その一方で性をもてあそんだり、卑しい笑いの対象にしたり、性差別的な表現を伴うような性情報の渦に巻きこまれたりしてしまう、そういう環境の中で、日々生活させられているのですから。そして失敗したりつまづいたりすれば、馬鹿にされたり非難されたりするのですから救われません。

その子どもたちを救うために、というと悲愴な感じがしてよくありませんが、子どもたちが自分と相手の性と生を大切にしながら幸せな人生を生きていくため、力をつけていく手助けを私たち大人はしなければなりません。家庭の中で、そして学校で。それは大人の義務であり、子どもには学ぶ権利があるはずです。

学校での教育の仕事の中心は授業です。そのほか学級活動の時間での指導、休み時間や放課後の相談やお喋り、保健室での話のやりとり、あるいは悩み相談その他いろいろな機会がそれこそ山のようにあります。大人といっても教師ばかりではありません、近ごろは助産師さんやお医者さんなど、いろいろな仕事をする人たちが性の話をしに学校に行くことも増えてきました。

時には時間をかけて、丁寧に話をすることもできますが、子どもたちからの「あのね、先生」から始まる質問への答えなどは、3分とか5分でしなければなりません。もちろんそれも大切な教育の仕事です。時間は短くても子どもにしてみれば、みんなと一緒に聴いた授業での話よりも、自分の疑問に答えてくれたあの数分の方がずっと印象に深く残っているということもあるのではないでしょうか。

ですから授業という形にこだわらず機会をみて、機会をつくって語っていく（これを「すき間性教育」という人がいました。うまい表現ですね）、また子どもからの問いかけに対しては電話やメールによるものもふくめて積極的にこたえていく――こんな気持を自分の中に育てつつ教育の仕事に臨んでほしいと思います。そして、そうした気持を支え、励ます意味で私たちはこの本を編みました。

ところで私は「紡ぐ」という言葉が好きです。この文章の一行前に書いた「編む」という言葉と似ていますね。紡ぐとは「綿やまゆからその繊維をひき出し、よりをかけて糸にする」ことと小辞典にはありました。

話をするという行ないは〝言葉を紡ぐ〟ことでもあります。そうしてできたいくつかの「話」を紡いでいくと物語になります。話をする時間が短いほど言葉を選んで、どういう言葉を使えば事実や思いが伝わるのか、事実や思いが印象深く聴く人の心に刻まれるのか、これは話をする人、ものを書く人の悩みの種であり、うまく伝わった時の喜びの源です。

本書を構成している「話」は性の総合情報誌『季刊ＳＥＸＵＡＬＩＴＹ』24号に掲載されたものを基にしています。その話を編者たちの求めによって著者の方々に幾分紡ぎなおしてもらいました。さらに編者たち自身によって新たに20の話を加え全体を編みなおしてまとめたものです。

しかし、それらの話は決して、完成したものではなく一つの作品として提示されたものと考えてください。そこから読者の方がヒントを得ていただき、ご自分の納得のいく形にアレンジし「自分だったらこんなふうに話そう」というように工夫してくださると有難い。

読者お一人おひとりのイメージのもとで、どんなふうに言葉によりをかけるか、そうして作られた糸でどんな図柄にしあげていくか、子どもたちの顔を思い浮かべながらたのしんでほしい、編者の一人としてそんなことを心から期待しています。

なお、イメージをつくっていただくため話題を学校段階別等に区分していますが、実際にはその区分を超えて質問されたりすることもあります。その場合は区分にこだわらず、必要に応じて柔軟に対応してください。本書における区分はあくまで目安にすぎないことを申し添えます。

【本書の表記について】

本文中の「T」は教諭（Teacher)、「C」は子ども（Child）を表記しています。会話の中で、特定の子どもの発言を重視する場合は「K」や「C夫」「C美」などで表記しました。

また、各テーマの右下に、その話が誰に向かって語られているのかを表す「対象」７種と、各テーマの中に、どのような要素が入っているのかを表す「性と生のキーワード」４種をアイコン（絵文字）で表記しています。

対　象

小学生
（1〜3年）

小学生
（4〜6年）

中学生

高校生

幼　児

障害児

親・保護者

性と生のキーワード

からだの
発達・健康

からだのはたらき、名称／男女のからだの共通性・違い／月経／生殖（受精・妊娠・出産）／二次性徴／精通／思春期のからだの変化／マスターベーション／避妊、中絶／リプロダクティブヘルス／STD、エイズの予防、など

心の発達

出生・出産への興味／自分とひと（他人）の違い／異性・同性への関心／性別意識の自覚／性に関する不安、発達に関する悩み、恋愛／性行動のコントロールの必要性と可能性／選択としてのNO－SEX／性的欲求とは何か、など

家庭や
人間関係

自己肯定的な育ち／親と自分、いのちのつながり／家族の役割／さまざまな家庭の存在／プライバシーを侵害しない、させない／相手の不安、悩みをどこまで受けとめられるか／親になるとは（育てるとは）／結婚・家族の形成、など

社会的な面

子どもを守り育てる地域のしくみ／性被害の防止と対応／携帯、メール、インターネットの広がり／メディアリテラシー／性の多様性と人権／リプロダクティブヘルスサービス／社会におけるセクシュアルハラスメント／性と犯罪、など

目次

中学生

高校生

◎装丁／イラスト　勝部真規子

今日は○○ちゃんの誕生日

対象

キーワード

◎展開例

＊「今日は○○ちゃんの誕生日。ねえ、誕生日って何のこと？」

―○○ちゃんがお母さんのおなかの中から外へ出て来たお祝いの日のことよ。生まれて1年経つと、また同じ月の同じ日が来て満1歳になる。2年経つとまたその日が来て2歳になる、そのたびに生まれてよかったね「おめでとう」ってお祝いするのが誕生日なのよ。

「それじゃ、おじいさん（おばあさん）になるまで、何回もおめでとうって言うの？」

―そうよ。何回もみんな心から「おめでとう」って言ってくれるのよ。(A)

＊「ねえ、私（僕）は生まれる前は、お母さんのおなかの中のどこにいたの？」

―この辺の（といって下腹部に手をあて）子宮という袋の中にいたの。初めはやっと目に見えるか見えないかくらい小さいのよ。でもお母さんからたくさん栄養をもらって（酸素ももらって）ずんずん大きくなるのよ。大きくなって（このぐらいと手で大きさを正確に示せるとよいですね）、そして生まれるのよ。（ここで妊婦や胎児の絵やイラストが提示できると明解）

＊「赤ちゃんは、子宮の中にいる時、裸で寒くないの？」
―赤ちゃんは、子宮の中で熱くもなく冷たくもない羊水っていう気持ちのいい、お水にしっかり守られているから大丈夫なのよ。

＊「赤ちゃんはどこから生まれるの？」
―女の人のからだには赤ちゃんの出てくるところがあるの。オシッコが出るところ（尿道口）と、ウンチが出るところ（肛門）の間にある出口（膣口）から、外に出て来る。そこは、お母さんが赤ちゃんを外に一番出しやすいところ、赤ちゃんが一番出て来やすいところなの。赤ちゃん（そうあなたのことよ）も頑張る、お母さんも頑張る、ふたり、力を合わせて生まれるの。

でも、二人とも頑張るんだけれど、なかなか生まれそうもない時、お医者さんは、お母さんと赤ちゃんのいのちを守るために、お母さんのおなかを痛くない方法で切って、赤ちゃんに「出ていらっしゃい」ってすることもたまにあるの。でも、どちらの方法で生まれても、生まれた赤ちゃんは同じように大切だし、全く同じように「おめでとう」なのよ。生まれた子は（あなたのことよ）みんな大切ないのちなのよ。

ポイント&アドバイス

●年齢が小さい場合、この話は一度でなく数回に分けて、繰り返し語られることになる。(A)の部分だけで十分満足する子もいるはずである。

●出産や妊娠時の話を、直接母親から聞くことを子どもは好むが、母親が話をする時どんなに出産が大変だったかという個人的体験を熱く語って、だから「あなたには価値がある。苦労した分、大切」と短絡することは避けたいと思う。お母さんは子どもの自己肯定感の育成や高揚を意図したつもりでも、結果は、「赤ちゃんを産みたくない」「赤ちゃんを産まない男に生まれて本当によかった」などという想定外の子どもたちの意識を導いてしまうことにもなりかねない。

(安達倭雅子)

「おとこのこ」「おんなのこ」って、どう違うの？

◎展開例

＊イントロダクションの５分間

―質問します。みんなは自分のことを、女の子と思いますか、男の子と思いますか、それともどちらかよくわからないと思っていますか。

「男だ」「女よ」「わかんない」子どもたちは騒ぎます。少し騒がせてください。

―自分で自分を男だと思う人は男です。女と思う人は女です。わかんないと思う人もいるでしょう。自分でどう思うかが一番大切なのよ。覚えておいてね。

―それでは、この人たちは、男の子かしら、女の子かしら？　同じ身長、体型、髪形、服装の子どもの絵（紙を重ねて衣服が着脱できる）を見せる。右だ左だと騒ぐけれど、結局わからないはず。

―どうしたらわかるかしら？

「脱げばいい」「ギャアー、エッチー！」などと騒ぐ。

―正解。服を脱げばわかる。すごい、よくわかってる。それではすみません。私たちが「男の子」「女の子」の勉強をするために服を脱いでいただきます。

騒いでいた子が「おや」と思うほど、例えば「今日はみんなのお勉強のために特別に脱いでくださいね。ごめんなさいね」などと絵の中の子どもに丁寧に頼んでください。

―性器が男の子と女の子は少しだけ違います。

（A）だから、オシッコの仕方が少し違うのね。

（B）この違いは、おとなになって子どもを産む時の役目の違いにもなるのよ。

ポイント&アドバイス

●年齢によっては（A）だけで十分かもしれない。当然、外性器についての学習は、（A）だけの後にも続けられるべきテーマである。外性器の学習は、まず、からだ全体の部位の名称の学習を経て「大切なからだには名前がある」ことを知った上で、外性器もからだの大切な一部だから名前があるという理解を共有できるとよい。

●幼児も就学直前になると、外性器の名称だけ教えられるより、胎児の頃に男性器と女性器が同じものからわかれていって、形作られてゆく話は、からだの事実、からだの科学として、おとなたちよりずっと素直に正しく理解する。

●幼児期、まさか「男は男らしく」「女は女らしく」とは、言わないにせよ、

「ピンクは女の子の色」などの誤解や、「男の子は強いのだから、女の子に優しく、乱暴はしない」式の、「らしさ」にもとづいた対処法的な教育は避けたい。初めに誤ってしまうと訂正に手間どるどころか、とりあえずの納め方は、後になって矛盾を大きくし、とり返すのに困難を極める。
●幼児期の性教育は、小さい子どもだから、言ってもわからないのだからと、理解できそうな部分だけ都合よくつなげてしまうと、結局は本当のことでないことを教えてしまう。本当のことに対して忠実であることが大切である。
●絵で説明する時の子どもの衣服は「5分」が終わったら、丁寧にお礼を言って衣服をもとどおりにしてあげる。絵の中の子どもは、私たちの勉強のためにプライバシーを犠牲にしてくれたのである。
●幼児期の子どもたちに、性器（殊に外性器）を何と呼ばせるかは、いろいろな意見があって定まらない。オチンチン、オチョンチョン、ワレメチャン、ボンボチャン、ホトチャン。私は定まるのを待ち切れずに「男の子の性器」「女の子の性器」「あなたの性器」「私の性器」で子どもたちや孫たちを育てていた。別段、問題は起らなかった。

（安達倭雅子）

3 おしりはどうやってふくのかな？

対象

キーワード

◎展開例

C「シーランペッペ、ゴリラ、おまえのパンツくさいくさい!!」

T「えっパンツってくさいの？」

C「そうだよ、くさいにきまってんじゃん!!」

T「なんでくさいの？」

C「そりゃー、うんちがでるところなんだもん。くさいよ!!」

T「うんちのでるところって、くさいの？」

C「うん、だってうんちくさいじゃん!!」

T「へ～そうなんだ」

＊うんちがなぜくさいか説明する

Ｔ「うんちはねえ、みんながごはんを食べてるでしょう?そのごはんが胃の中に入り、元気になるものとが、からだの中に入っていって、いらなくなったものがうんちやおしっことして、出てくるんだよ。からだの中にいる間に、においが出てきちゃうんだね」

Ｃ「くさ～い!!」

Ｔ「でもね。うんちがでないと大変なんだよ」

Ｃ「知ってる～便秘っていうんでしょ!うちのママが便秘で困っているって言っていた」

Ｔ「そう。よく知っているね。うんちが出ないとおなかが痛くなったり、気持ち悪くなったり、いや～な感じになるんだね」

＊どうやってふいている?

Ｔ「じゃあうんちをした後ってどうやってふいている?」

Ｃ「うんちが手につかないように注意している」

Ｃ「自分でふくのは難しいから、ママにふいてもらう」

Ｔ「そうだね。自分でふくのは難しいけど、そろそろ自分でふく練習しなくちゃいけないね。トイレットペーパーを重ねて、おしりは前から後ろにふくのよ」

Ｔ「うんちはくさいけど、からだの中から出なくてはいけないものだよ。出した後は、きれいにふこうね」

ポイント&アドバイス

●幼児期の子どもたちはうんちやおしっこなどの話題が大好き。時にはからかい半分に友だちと大きな声で騒いだりしています。でもそれにおとなが反応するとエスカレートするばかり、子どもたちはおとなの反応を見て楽しんでいます。だから、おとなもさっと流すような態度をとるとそのうち、うんちの話題は卒業していきます。

●うんちを幼稚園や保育園で我慢する子どもがいます。「うんちを我慢することはよくないよ」とアドバイスします。また、なぜ我慢するのか、話しを聞いてみましょう。

●うんちをふくのは個人差もありますが、3~5歳くらいです。でもおしりに手が届かなかったり、要領がわからない子どもにはトイレではないところでトレーニングしてみてもよいかもしれません。

●ワギナや尿道口に大腸菌が付着しないように前から後ろにふくことを強調します。

●きれいにふいて、清潔にさせておくことが大切です。

(小田洋美)

赤ちゃんはどこから生まれるの？

対象

キーワード

◎展開例

T「先生ね、先週の日曜日に病院にお見舞いに行ったの。友だちが赤ちゃんを産んだのよ。男の子でね、とっても可愛かった。赤ちゃんのパパも大喜び、先生もとても嬉しかった。ところで、みんな、あかちゃんはどこから生まれるのか知っていますか？ 知ってる人？」

C「おなか！」

T「そー、お母さんのおなかがパカッと割れて生まれてくるのかな」

C「おしり！」

T「お尻から生まれてくるの？ あのね、ほんとはね、お母さんのからだには赤ちゃんの通り道があって、赤ちゃんはその通り道を通って生まれてくるのです。その通り道のことを『産道』と言います。『産道』はどこにあると思いますか？」

C「？？」

Ｔ「『産道』は、おしっこの出る所とウンチが出る所の間にあります。

女の人は赤ちゃんができるとおなかの中の子宮というところで赤ちゃんを育てます。最初は目に見えないくらい小さいのですが、お母さんから酸素と栄養をいっぱいもらって、子宮の中で少しずつ大きくなっていきます。お母さんのおなかがだんだん大きくなって、10ヵ月近くになると、そろそろ子宮の中で、赤ちゃんも生まれてくる準備をします。お母さんの方も、普段は閉じている産道が少しずつ柔らかくなって開いていって、赤ちゃんは通りやすいように準備をします。ある日、赤ちゃんがそろそろ生れるよ、とお母さんに合図を送ってきます。そして、子宮が縮んで中に入っている赤ちゃんを産道の方に押し出そうとします。

その時起きる陣痛は一日近く続く人もいます。お母さんは、元気な赤ちゃんが生まれてくるように、深呼吸をしたり、おなかをさすったりしながら、痛みを我慢して頑張ります。赤ちゃんも産道は狭くて苦しいのですが、一生懸命頑張って少しずつ少しずつ産道を通り抜けて生れて来るのです。どうですか、わかりましたか」

Ｃ「うん、わかった！」

Ｔ「お母さんのってすごいね。そして、赤ちゃんもすごく頑張って生まれてくるんですね。さっき、おなかから生まれるって言ってくれた人がいたね。じつはそういう赤ちゃんもいるんです。

それは、お母さんが病気であったり、お産の途中で赤ちゃんの元気がなくなって苦しくなってしまったり、また、赤ちゃんがお母さんのおなかの中で逆さになってしまって産道を通り抜けるのが大変な時があります。そういう時は、赤ちゃんとお母さんのいのちを助ける為にお母さんは手術を受けて赤ちゃんを産みます。おかあさんも大変だね」

Ｔ「みんなも、お母さんからこんなふうに生まれて、いのちがはじまってそして、こんなに大きくなったのですね。先生の友だちのあかちゃんもみんなのようにすくすく育つといいなって思います」

ポイント&アドバイス

●できるだけ、子どもと一緒に考えてみる姿勢で、問いかけに対して自由に発言させ、ほかの児童にも意見を聞くなどして膨らめていけるとよい。
●子どもの中には帝王切開手術で生まれた子どももいることを忘れないようにする。
●赤ちゃんは、生まれやすいように頭から出てくるのが普通だが、「逆さになる」とは、足から出てくることである。
●子どもの中にはご両親と別居している子もいるかもしれません。みんな頑張って生まれてきたこと、お母さんから愛情と栄養をもらって育ってきたことを伝えたい。
●絵や図を用意する

（下山恵）

5 精子と卵子は、どうやって合体するの？

対象

キーワード

◎展開例

お母さんのおなかの中にはね、いのちのもとの卵子があります。お父さんの精巣（こう丸）の中にもいのちのもとの精子があります。この、いのちのもとの卵子と精子が合体すると赤ちゃんになるのでしたね。

精子はね、空気にふれると死んでしまいます。ですから硬くなったペニスを（勃起と言います）ワギナ（膣）に入れて、お父さんのからだから、お母さんのからだに精子を送り届けます。これを性交と言います。

人間はこのように性交をして赤ちゃんをつくります。ワギナに入った何億という精子はたった一つの卵子に向かって膣から子宮を通り卵管の中を泳ぐようにのぼっていきます。そして卵子に到着したたくさんの精子の中のたった一つの精子が、卵子と合体するのです。

ポイント&アドバイス

●あわてずに「なぜ質問したの？どんなことを知りたいの？」と聞いてみましょう。理解できる範囲で慌てず、逃げず、ごまかさず自分の言葉で答えましょう。この疑問はおおよそ幼稚園の年長さんぐらいから小学校の低学年ぐらいまでの子どもたちはなんのてらいもなく言葉にだして身近なおとなに聞いてきます。自己確認の始まりと言えます。しかし答えるおとなにとってみるとまずはＳＥＸをする立場で考えてしまい、どのように答えてよいものか話しあぐねてしまうことが多いようです。子どもたちにとっては、いのちの成り立ちを知りたいのです。それも本当のことを知りたいのです。ここでおとながはぐらかしたり、無視したりすると、子どもたちは「性に関する質問はおとなにしてはいけないのだ」と学ばされてしまうことになるのです。

●競争して強くて勝った一番の精子が合体するという話にならないよう注意しましょう。

●性交をどのように話すのか、どこまで話すのか常に論議をよぶところですが、いのちの成り立ちを話すことにためらいはいらないと思っています。今まで子ども達に話して聞かせてきた感触からすると「なあんだそうだったのかー」というあっけないほどの反応です。また、子どもが二人だから2回性交をしたのかという質問もよくありますが、「性交したから必ず受精するとは限らない。その時、受精しなければ赤ちゃんはできない」と話します。いろいろな修飾語は、はぶきます。学齢や子ども達の様子により、身近にいる虫や動物の交尾にふれたり、人の場合は赤ちゃんをつくるということのほかに癒しやふれあいや楽しむ行為であると同時に暴力を伴うものや売買春などについても話してみてはどうでしょうか。

（大戸ヨシ子）

赤ちゃんはおなかの中でどうやって息をしているの？

◎**展開例**

（子どもに質問された時、この程度のことがわかっていると、話が深まるということで）

T「赤ちゃんはお母さんのおなかの中の羊水という水の中に浮かんでいます」

C「えっ！水の中で息ができるの。だってプールや海の中で潜っていたら息はできないよ」

T「みんなはそうだよね。でもねー赤ちゃんは違うんだー。実はね赤ちゃんのおへそからはへその緒がのびていて胎盤というところにつながっています。その胎盤はお母さんの子宮の壁につながっています。へその緒の中には3本の血管が通っています。

一本はお母さんからもらった栄養を運ぶ血管です。そしてもう一つの大切なもの、酸素を運びます。そうです。あかちゃんはへその緒の中の血管を通して体に必要な酸素を取り込んでいるのです。

そして他の2本は赤ちゃんのほうでいらなくなったものをお母さんのほうに送る血管なのです。

赤ちゃんは息をしていないといいましたが、でも生きています。それはへその緒を通してお母さ

んから栄養や酸素が送られていたからなのです」
C「おへそってすごいねー」
T「おなかの真ん中のおへそがなんのためにあるのか不思議に思っていた人もあるでしょう。おへそはあかちゃんとお母さんをつないだ、いのちの管がついていたところなのです。人間のからだってすごくよくできていると思いませんか」

ポイント&アドバイス

●子ども達からは必ずといっていいほど、でてくる質問の一つです。「おへそ」の学習と切り離せないものですが、いずれの学年でとりあげても大変興味深い学習となる題材です。
●おへその学習には二つのポイントがあるように思います。一つが臍帯（へその緒）でその中には母体からの栄養物質や酸素を運ぶ臍静脈とそのまわりに巻きついている胎児からの老廃物を運ぶ2本の臍動脈からなっています。胎児が育っていくいのちの管といえます。もう一つは胎盤です、胎児の生命維持装置とものの本には記してありますが物質交換の維持だけではなく胎児に有害な物質をシャットアウトしたり、妊娠維持のホルモンをつくったり、止血機能があったりと様々な機能を発揮しているのです。生命維持の不思議な働きを科学の目を通して伝えることも楽しい学習につながることでしょう。

（大戸ヨシ子）

7 プライベートなからだって、どういうこと？

対象

キーワード

◎展開例

今からゲームをします。わたしが鼻を指しながら「鼻、鼻、鼻、鼻、耳！」と言って耳を触るからみんなも同じことをしてください。

（目や足やお尻など場所を移して実施）

はい、次は二人組みになって向かい合ってください。同じゲームをしますが、次はちょっと変えてみます。先生が「鼻、鼻、鼻、鼻、耳！」って言ったら、組んでいる友だちの耳ではないところのからだをさわってください。

（頭、胸、背中等いくつか繰り返し）

はーい、ゲームは終わり。

ではちょっと聞いてみます。今のゲームでみなさんは組んでいるお友だちから、からだのあっちこっちをタッチされましたね。その時に「あっ、やだなー、さわられたくないなー」って思った人はいますか。ここはタッチされたくないなーという特別なところがありましたか?

（児童の反応を確かめる）

はい。ありがとう。今日はみんなに「プライベートなからだ」ということについてお話をします。

まず、プライベートという言葉は「わたしだけのもの」「わたしだけのこと」というような意味があります。おとなも、子どももみんなプライベートなことやプライベートなものを持っています。

例えばね、トイレに入っていて、うんこをしている時に戸を開けられたらどんな気持ち?

（児童の反応を確かめる）

いやだよね。例えば通知表（各学校の名称があると思いますが）を友だちがふざけて、みんなに見せてまわったらどんな気持ち、これもいやだよね。どうしていやなんだろう。「人に見られたくない、人に知られるのはいやだ」と感じるのは、自分だけが知っていればいいことであったり、自分だけの大切なものだったり、こういうことをプライベートなことといったりプライベートなものと言います。

わかりますか? ですから他の人はプライベートなことやものについては無理に聞いたり、さわったりしてはいけないのです。それではみなさんに聞いてみます。みなさんが考えるプライベートなものってなに?自分だけの大切なもののことだよ（再度、繰り返して伝える）。

では、はじめのゲームをやった時のことを思い出してみましょう。さっきお友だちどうしで相手の人のからだにタッチをしましたが、「わっ!」とか「きゃっ!」という声がたくさん聞こえましたね。くすぐったいって思ったのかな、それともからだにさわられるのはいやだなーと思ったのかな（どちらか手を上げさせたり、他の意見も聞いて見ましょう）。タッチの仕方で気持ちのよいこともあるし、悪いこともあるのですが、その話はまた別の日にします。

プライベートなものの中で一番大切なもの。それは「自分のからだ」なのです。自分のからだは自分だけのもの、他の人が勝手にさわったり、洋服を脱がせたりしてはいけないのです。自分のからだをさわれるのは自分が「さわってもいいよ」と言ってあげた人だけなのです。その他の人が無理にさわろうとしたら「やめて！」って言っていいのです。

からだはどこもプライベートで大切なところなのです。特に男の子も女の子も水着をつけているところは他の人が勝手に触ったり、見たりしては絶対にいけないところなのです。自分のからだは自分だけのものなのです。

ポイント&アドバイス

- プライバシー、プライベート等という言葉は低学年の子どもたちにとっては聞き慣れない、はじめての言葉だと思われます。できるだけ端的にわかりやすく説明しましょう。
- 性被害についてふれることができれば話の中に組み込んでもよい。
- 性の被害にあっている子どもがいるかもしれないことを常に念頭におき、言葉を慎重に選ぶこと。特に「あなたは悪くない」というメッセージを伝えておくこと。
- 「いやだ！」という意思表現方法を学ぶ機会ともしたい。

（大戸ヨシ子）

知らない人に声をかけられたら

◎**展開例**

T「世の中には、悪い人ばかりではないよね。どんな風に、人に親切にされたことがありますか？」

C「自転車で転んで、足が痛かった時に家まで送ってくれたおじさんがいた」

T「そう、家まで送ってもらったのね。親切な人でよかったね。でも、残念なことだけど、中には子どもに悪いことをしようとする人もいます。人は見ただけで親切で優しい人なのか、子どもを誘拐するなどの悪いことをする人なのかわかりません。でも、覚えておいてほしいのは、みなさんは、『自分のこころとからだを守る力』を持っているということです。自分には『こころとからだを守る力』があるということをしっかり覚えておいてほしいのです。それでは、どのように『こころとからだを守る』のかお話します。例えば、こんなことがありました（ペープサートあるいはイラストで表現）。

下校中に友だちとも別れて、一人になりました。そこへ、知らない男の人が「君の名前はなんていうの？」「△△だよ」「あっつ、△△さんね。△△さんをさがしていたの。お母さんに頼まれて、君を迎えに来たよ。車に乗りなさい、お母さんのところに連れて行ってあげるよ」と言いながら車から降りて近づいてきました。

T「さて、このように知らない人に声をかけられたら、どうしたらよいでしょう。みなさんは、どうしますか？」

C「名前は、教えてもいい」

C「名前は教えたらいけないよ…。車にも乗らない」

C「何も、答えないで歩く」

T「子どもに悪いことをしようと考えている人は、じょうずに優しく聞いてきます。名前を聞かれても答えなくていいのです。道を聞かれても、ついていって教えてあげなくていいのです。『お母さんのところに連れて行ってあげる』といわれても、絶対に車に乗らないように。それから大切なことは、知らない人に近づきすぎないこと。つかまれないために距離をあけること。それは、お互いが片手を出して相手とぶつかるくらいの間隔だから、隣の人とどれくらいか練習してみよう。安全な間隔をとっておくと、もし、つかまりそうになってもすぐ逃げることができるね。

もし、ちょっとでもこわいな、いやだなと思ったら、すぐ、逃げること。その時、大きな声を出しながら逃げます。大きな声は、自分には力があるよと自分に言い聞かせる声ですよ。その声は、周りの人に知らせるサイレンの役目もしてくれます。大きな声の出し方を練習してみよう」

（例えば「オーーッ！」などの大きな声を出し、児童にも出させてみる）
C「オーーッ！」
T「知らない人に言われたことやされたこと、いやだったことをおうちの人やおとなの人に話そうね。みんなは、何も悪くはないいんだよ」

ポイント&アドバイス

●この一連の学習を「いかのおすし」で指導しています。声をかけられても、ついていかない、車にのらない、おお声をだす、すぐにげる、しらせる。
●できるだけ人のいる方に逃げるようにする。

（中野久恵）

9 そんな言葉、使っていいの？

対象

キーワード

◎展開例

C「泣き虫～！　おまえのチンポは小さいぞ～！」

C「そうだ、そうだ～！　すぐ泣くやつなんて絶対小さいぞ～」

C「そうだ！見せろ！見せろ！」

K「…（泣いてしゃがんでいる）」

T「あら、どうしたのかな～。Kさんが泣いているね。どうしたのかみんなに教えてほしいから、静かなところへ行こうか？」

（落ち着いて話せる場所で）

T「Kさんが一人で泣いていたよね。理由を知っている人はいる？」

C「…（黙ったまま）」

T「先生に怒られると思っているのかな。先生は、どうしたのか知りたいだけだし、Kさんのことをみんなと相談したいんだよね。知っていることを教えてくれないかな」
C「ふざけていた…」
T「どうやってふざけていたの？」
C「Kのチンポは小さいって言って…」
T「そっか。ところで、チンポってどこ？」
C「エ〜、先生知らないの！」
T「知らなくてごめんね。教えてよ」
C「男の大事なところだよ。オシッコをするところさ」
T「そうだね。オシッコをするところは大事なところだよね。みんなにとっても大事なところなのかな？」
C「そうだよ」
T「そこは、Kさんにとっても大事なところなんじゃないのかな？」
C「…」
C「だってKはすぐ泣くんだ！ただ遊んでいてちょっと押しただけなのに！」
T「みんなはKさんと一緒に遊びたい気持ちだったということでいいのかな？」
C「うん、だけどKはすぐ泣くから、そんなことで泣かないで、一緒に遊びたいのに…」
T「そっか、泣かないで一緒に遊びたかったんだ。Kさんはみんなと遊びたいの？」
K「遊びたいけど、すぐ僕のことを強く押したりする。僕にだけいじわるしている…」
C「そんなことないよ！みんな同じだよ！」

T「強く押したりしなかったら、Kさんはみんなと遊びたいの？」
K「うん…」
T「みんな、話してくれてありがとうね。先生はみんなの気持ちがだいぶわかったよ。そこで、みんなが　楽しいなという気持ちで遊べるように、ちょっと考えてみようか？」
T「二つの大事なことがあるんだけど。一つ目は、みんなは強く押していないと思っても、人によって乱暴で嫌だと思う人もいるんだよね。だから今度は『今のは遊びなんだよ』って教えてあげたらKさんも安心して、泣かないで遊べるかもしれないよ。
もう一つはね、Kさんに『チンポは小さい』って言ったんだよね？　チンポは本当はペニスとも言ってね、みんなが言うようにとっても大事なところ。オシッコが出なくて病気になったら大変だよね。ふざけていたとしても『見せろ！』って言われると、とても嫌な気持ちになるんだよね。
大事なところは、勝手に見たり、さわったりしてはいけないんだよ」
C「K、ごめんな！」

ポイント&アドバイス

●小学校2年生までにはプライベート（ゾーン）の学習を終えておきたい。
●プライベート（ゾーン）に特に思いやりが必要なことをわかりやすく話す。
●まわりが、ふざけととらずに人権侵害にあたることを認識させる。

（大沼峰子）

10

月経ってなに？

対象

キーワード

◎展開例

C「月経ってなに？」

T「月経はね、みなさんくらいの年齢になるとからだの中で、おとなの女の人になる準備が始まったしるしなのよ」

C「準備ってなに？」

T「それはね、生まれる前から女の子はおなかの中に、子宮という赤ちゃんを育てる部屋を持っているの。また、子宮のそばには、卵の巣と書くのだけど卵巣があります。思春期になると、卵巣にホルモンが働き、月経が起きるのです」

C「あっ、生理のこと？」

T「そう、生理と言ったりします。正しいのは『月経』という呼び方です」

C「そうなんだ…」

C「ホルモンってなに？」

T「ホルモンは血液の中を流れて、少しの量でからだの働きを調節してくれています。からだが成長すると脳から、卵巣に命令がいくのです。その命令を受けて、卵巣の中では卵子が育っていきます。卵子が育っている間に、子宮の方では受精卵（いのちのもとで精子と卵子が合体したもの）が育ちやすいように栄養の膜が厚くなっていきます」

C「月経は赤ちゃんが生まれることと関係があるの？」

T「そう。だけど卵子が育って管を通って子宮まで行く途中で精子と出会わなかったら、用意した栄養の膜はいらなくなるので、くずれてワギナから、からだの外に出て行きます。このことを月経と言うのよ。初めての月経のことを初経と言います」

C「血のようなものが出るのでしょ？」

T「栄養の膜は、血液や分泌液が混じって少し黒っぽい赤色をしたものです。月経は少しずつ染み出るように3～7日間、出ます。大体一ヵ月に1回くらいの周期でおこりますが、みなさんくらいの年齢ではまだ、ホルモンのバランスが整わないので間が開いたりしますよ。月経を何回も繰り返しながら、おとなの女性になる準備をしているのです」

C「いつなるの？」

T「それは一人ひとり違って早くなる人も遅くなる人もいます。早いから、遅いからって心配することはありませんよ」

T「月経になったら、手当が必要です。その他、月経の時の過ごし方やマナーなどについては、もう少し詳しく勉強しましょうね」

ポイント&アドバイス

●月経は女性にとって、からだの調子がよいかどうかの目安になる。
●初経が始まる時期は、個人差がある。
●月経はリズムをもって、ほぼ毎月繰り返される。

（中野久恵）

双子とか三つ子はどうして、生まれるんですか

対象

キーワード

◎展開例

（高学年の、いのちの成り立ちの授業のなかで）

T「いのちの成り立ちについてお話をすると、必ずといっていいほどでる質問です。皆さんにとってはとても興味があって不思議に感じることなのでしょうね。ではもう一度確認します。いのちはどのようにしてできるのですか」

C「性交して、卵子と精子が合体した時」

T「そうでしたね。その時に多くの場合は一つの卵子と一つの精子が合体して受精卵となり、子宮の中で赤ちゃん（胎児）として大きくなっていくのです。ではどうしてふたごとか三つ子が生まれるかということなのですが、これには二つの場合があります。

　一つ目。女の人の卵巣の中ではおおよそひと月に一つの卵子が育って飛び出します（排卵と言います）。その卵子と男の人のペニスを通って送られた精子のうちの一つだけが合体します（受精卵と言います)。その受精卵がたまたま二つにわかれて育つことがあります。これを一卵性双生児といいます。一つの卵がふたつに分かれたので生まれてくる赤ちゃんは、二人とも同じ性です。血液型、毛髪や目の色、指紋なども同じで、からだつきや顔つきなどもとてもよく似ています」

C「でもさー、男と女の双子とかいるじゃん。あとさー、五つ子とかさー」

T「射精する時に精子の数って幾つぐらいの数が出るって言ったっけ」

C「2億から3億!」

T「そうでしたね。二つ目は、卵巣からたまたま二つの卵子が飛び出して、それぞれが精子と合体した場合を二卵性双生児といいます。つまり精子はたくさんの数なので排卵された卵子の数だけ受精することができるのです。それぞれの受精卵なので一卵性双生児と違って男の子と女の子だったり、男の子どうしや女の子どうしの場合もあります。一つの受精卵からわかれたわけではないので一卵性双生児のようによく似ているというわけではありません」

ポイント&アドバイス

●双子の話は子どもたちにとってはとても知りたい謎の一つですが、あまり複雑な説明はいらないと思います。なぜ双子になるのかを余分な言葉を省いて、できるだけ簡単な言葉で明確に説明するようにしましょう。

●近年不妊治療の一環として排卵誘発剤の使用により三つ子、四つ子、五つ子等の多胎児の増加がみられます。子ども達に説明する場合は排卵数と精子の数で説明するとわかりやすいと思われます。

●参考までにふれておきますが一卵性双生児の場合、胎盤は一つですが、二卵性の場合、胎盤は一児に一つです。

（大戸ヨシ子）

ぼくはO型なのにお母さんはA型だって。どうして？

対象

キーワード

◎展開例

T「血液型は親子かどうかを調べるために用いられる方法の一つですが、お母さんと血液型が違っていて不思議に思ったのですね。お母さんのおなかの中にいたのだから当然血液型も同じでなければおかしいと思ったのかな。

　血液型の話しの前に血液の話を少しするね。赤ちゃんはお母さんのおなかのなかにいる時から自分のからだの中で自分の血液をつくります。赤ちゃんは赤ちゃんの、お母さんはお母さんの血液がそれぞれつくられているのです。赤ちゃんとお母さんの血液が混ざり合うことはありません。

　さて、血液型の話しに戻します。お母さんとあなたの血液型は違っていてもおかしくはないのです。なぜかというとあなたの血液型はお母さんだけの血液型で決まるものではなく、お父さんも関係しているのです。つまり血液型というのはある一定のきまりによって両親から子どもに遺伝するものなのです。

そこで、あなたの血液型に対する疑問なのですが、次のことが考えられます。

お母さんがA型ということはわかっているのですね。とするとお父さんがO型ということになります。あなたはたまたまお父さんと同じO型でしたがお母さんと同じA型のこともあるのです。それからもう一つの場合があります。ちょっと難しいのですが両親が二人ともA型なのに子どもはO型ということがあります。これは両親がO型の劣勢遺伝子を持っていてこの因子だけを受けとってO型になることもあるのです。もしかしてあなたのお父さんはA型かな？」

ポイント&アドバイス

●血液型の話では、両親と子どもの血液型の関係とかABO式とRH式の二つの式があることや輸血の話し等々、子ども達にとってはかなり興味ある話題といえます。なにを知りたいのかなにを伝えたいのか視点を定めて伝えるよう心がけたいものです。

●子ども達に家族とはなにかと問うと「血が繋がっている関係」というような発言が多くみられます。子ども達にとって自分と家族との血液型は非常に興味のあるところです。日常の生活の中でも、かなりの頻度で話題にのぼります。家族を血の繋がりだけではおさえきれない現実があります。家族形態はさまざまで多様です。同性の結婚や同居関係を認めているオランダやベルギー、カナダ、スペインなどの国もあります。自分が存在している事の意味を考えさせるチャンスととらえるようにしたいものです。

●両親と子どもの血液型の関係図を見せる。

（大戸ヨシ子）

13 エイズって、知っていますか？

対象

キーワード

◎展開例

（わたしのつけているレッドリボンを見て）

C「先生、そのバッジなに？」

T「これは、レッドリボンっていうの」

C「なにそれ？」

T「これは、エイズっていう病気になった人と病気に負けずに一緒に頑張りましょう、わたしは、エイズについてちゃんと知っていますよっていうことのしるし。エイズって知ってる？」

C「死ぬ病気でしょう」

C「うん、治らない病気だって」

T「なるほど、そう思ってる人はおとなの中にもまだ多いね。昔は、薬も少なくて、亡くなる人も多かったんだけど、今では、たくさん薬もできて、きちんと使えば、完全に治すことはできなくても、死ぬことのない病気になったんだ」

C「どういうこと？」

T「みんなのからだには自分を病気から守る仕組みがあるのを知ってる？免疫って言うんだけど。例えば、インフルエンザのウィルスがからだに入ったからすぐインフルエンザになる訳じゃない。からだに入ったウィルスがからだの中でどんどん増えていくと、熱が出たり、咳が出たりして病気になってしまいます。でも、血液の中の白血球がウィルスをやっつけたら、病気にならずにすむんだ。そんなふうに病気のもとをやっつけて、病気にならないようにする仕組みが免疫。

エイズの原因になるＨＩＶというウィルスはからだに入って増えていく時に白血球をこわしていくので免疫の力が弱くなって、普段だったら、罹らない病気にもなってしまう。そうなった状態をエイズって言うんだけど、それまでには10年ぐらいかかるんだ。その間にＨＩＶが増えないようにしたらどうなる？」

C「免疫は弱くならない？」

T「その通り。今、からだに入ったＨＩＶを完全になくす薬はできていないけど、からだの中で増やさないようにする薬はたくさんできているんだ。それを飲み続けて、ＨＩＶは持っているけど免疫は弱まらず、エイズにもならないで元気に過ごせるようになってきたんだよ。

世界中で研究がされていて、ＨＩＶを完全になくす薬もできるかもしれない。希望をなくさず一緒に頑張りましょうっていう気持ちが込められたバッジでもあるんだよ」

ポイント&アドバイス

●今から10年ちょっと前、新聞・テレビでエイズに関する報道が盛んにされていた頃と違い、現在、エイズという言葉さえ知らない子どもたちが増えてきている。しかし、青少年の性感染症が増加する中、知らないこととして見過ごさせるわけにはいかない。エイズを話題にすることは避けるべきではない。今回は、つけていたレッドリボンについてのやりとりということで想定してみた。

●できれば、感染経路については別途時間をとり、性行為感染症であることをきちんと取り扱い、血液感染のみが強調されることがないようにしたい。

●治療法の進歩などを具体的に話し、「死の病」「不治の病」という印象を与えることのないようにしたい。

●HIV感染の治療法は日々進歩している。最新の情報をインターネット等でチェックしておきたい。

●HIV感染=エイズではないことを意識して話す。

（城英介）

家族ってみんな同じ?

対象

キーワード

◎展開例

T「みんなにとって、今一番大切なものってなに?」

C「テレビゲーム、食べ物、家族、命…」

T「みんな、それぞれに大切なものがあるね。ではここに、日本人が今なにを一番大切だと考えているかを調査した資料があります。それは、いったいなにだと思いますか?」

C「健康なからだ、命、お金…」

T「この03年の『国民性調査』の中で、一番大切なものの第一位は『家族』です。45%(100人いたら、そのうちの45人だね)の人がそう答えています。第二位が、『命・健康・自分』で21%。第三位が『愛情、精神』です。ここからが問題。いったいなぜ多くの日本人が、『家族』と答えているのでしょうか?」

C「好き、信用できる、落ち着ける、わかりあえる、一人だったら生きられない…」

T「なるほど。家族が好きな人？ 信用できると思う人？」
C（それぞれに手を挙げる）
T「はい、今出てきたのは家族についてのプラスのイメージだね。みんなもこんなふうに感じている？ あれ、首をひねっている人も少しいるな。そうだよね、たまには家族って嫌だと思うこともあるよね」
C「あるある、怒られる時、妹がうるさい時、お母さんからガミガミ言われる時…」
T「そうか、ではガミガミ母さんがいなければどうなる。自分にとって家族は、もっと大切なものになるのかな？」
C「ならない、やっぱりいないと困る…」
T「そうだね。この家族の中のプラスとマイナス、実は両方含んで家族なんでしょう。もちろん、ニュースで時々流れるように、暴力・虐待といった極端な場合もあるけどね。みんなが日頃経験しているマイナスというのは、時々感じるものであって、長い目で見ると、やっぱりプラスにつながるのだろうと思います。では、自分がこの人はわたしの家族だと思う人は誰？」
C「お父さんとお母さんと妹、お母さんとおじいちゃんとおばあちゃん、お父さんとお母さんと犬」
T「はい。一言で家族といってもメンバーや人数、形が違うね。今一緒に暮らしていなくても家族だったり、一緒にいても家族ではなかったり。つまり、人と人とのつながりで成り立つものなんだ。だから、いろいろな家族があるわけです。みんなには、まだ身近ではないけれど、世界では結婚していない人同士が家族を作る場合もあるし、男と男、女と女のカップルで家族を作る場合もあります。あるいは、親から離れて施設で暮らす子どもたちには、施設で一緒に暮らす人たちが家族のようでもあるんだ。それぞれにあり方は違うけれど、すべて家族と言えるんだね。もう一つ、家族の関係、そのあり方はずっと同じではありません。それぞれが成長するにつれて変化していきます。長い時間の中で少しずつ変わるし、その時々の状況で大きく変わることもある。初めに戻るけれど、日本人が最も大切だと答えている家族は、実は、なにか一つの決められた形の家族ではないのです。それは、いろいろ変化する。だから、自分で作っていけるものでもあるわけだ。さあ、みんなは、どんな家族を作りたいですか」

ポイント&アドバイス

- 子どもとのやりとりの中から「家族観」を引き出し膨らませる。
- 家族を巡り、悲しい思いをしている子への配慮を忘れない。
- 世の中で家族のとらえ方が違うことを伝える。
- 家族の流動性や多様性について理解させる。

（村末勇介）

15

漫画の中の性って信じられる？

対象

キーワード

◎展開例

T「先生は、漫画が好きなんだけどさ、最近、みんなは、どんな漫画を読んでいるのかな？」

C「ジャンプとかコロコロコミック」

C「リボン」

C「チャオ」

T「そうだよね。男の子は、ジャンプが多いのかな？女の子はいろいろなものを読むみたいだね」

＊ここで、できれば雑誌に載っている漫画について少し触れる。できれば恋愛物や性的描写のある漫画にする。

T「じゃあさ、○○って漫画みんな知ってるかな？」

C「おれ知ってるよ」

Ｃ「わたし知らなーい」
Ｔ「実は、先生、その漫画持ってきてるんだ」
＊知らない子どもが多くいることも想定し、実際の雑誌、もしくは漫画を用意しておき、簡単な説明をする。

Ｔ「今日はね、この漫画の中に書かれていることについて少し話をするね。みんな、この場面を見てどう思う？どんなふうに感じるのかな？」
＊キスシーンや性的描写がある場面を開いて子どもたちに感想を聞いてみる。
Ｃ「キスしてる場面とかエロだなって思うよ」
Ｃ「抱き合っているところかな？」
Ｃ「はだかが書かれているところ」
Ｔ「そうだね。みんなが読む、漫画の中でもキスしたり、はだかの場面は出てくるよね。でも、なんでエッチだなって思うのかな？」
＊ここでは、否定はしないで肯定的に捉えて話をしていくことが大切です。意見を言ってくれた子どもに「ありがとう」を忘れずに！
Ｃ「えー、だってキスしたりするのって、やらしいじゃん」
Ｃ「べつにいいんじゃないの？」
Ｔ「そっか。ありがとう。じゃあ今度は、キスしたり抱き合ったりが、なにでやらしく感じるのかを話してみようか?·でも今日は時間がないからまた時間を作るね」

T「先生からみんなに最後の一言。一人ひとりいろんな意見があって当然だと思うよ。人によって感じ方は違うのは当然だからね。みんなは、これからいろいろな漫画を読んでいくと思うけど、中にはすごい漫画もあります。でもね、漫画に描いてあることは、あくまでも漫画の中の世界なんだよ。実際の生活とは違うってこと覚えておいてね」

ポイント&アドバイス

●ポルノは女性差別があったり、暴力があることで、子どもの漫画にもポルノ的要素が入っていることにもふれた方がよい。

●最初のきっかけ作りは、子どもが慣れ親しんでいる漫画はよい手段だと思われる。

●子どもが、どんなものを読んでいるかのチェックは大切。小学校高学年の子どもは、大体が「ジャンプ、サンデー、コロコロ、リボン、チャオ」あたりの漫画を読んでいる。

●テレビアニメを確認するとわかりやすいと思う。

（佐々木玄）

○○って〝オカマ〟なんだよ！

◎展開例①

（休み時間に）

C「せんせい、A君オカマなんだよ！」
T「なんでそう思うの？」
C「だって女の子みたいだもん」
T「どこが女の子みたいなの？」
C「なんとなく」
T「なんとなく、って、どんな感じ？」
C「しゃべる時とか」
T「え～、A君のしゃべり方、優しいからせんせい好きだな～」
C「えぇ～、やだよ」

C「やだよ」
C「それに、ナヨナヨしてるもん」
C「ナヨナヨしてる」
T「やわらかい感じがして、素敵だと思うよ」
C「えぇ〜!!」
T「それに、『オカマ』って呼び方はどうかなぁ?B君やC君だって『オカマ』って言われたら嫌でしょう?」
C「……」
T「言われて嫌な言葉は使わないっていうのは、このクラスの『約束』だよね?」

◎展開例②

(帰りの会で)
T「みんなに教えてほしいことがあるんだけど、みんな『オカマ、オカマ』ってよく言ってるけど、『オカマ』ってどういう人のこと?」
C「男同士がラブラブ♪」
C「気持ち悪い!」
T「気持ち悪い!?なんで?女同士、男同士でラブラブな人も多いよ。女同士や男同士愛する人のことを同性愛者と言います〈『同性愛者』と板書〉。異性を愛する人のことを異性愛者と言います〈『同性愛者』と並べて『異性愛者』と板書〉。それから、『オカマ』っていう言葉、どうかな…?」

C「……」

T「そうだよね。バカにしたような感じがするね。人に向かって言う言葉じゃないよね〈『オカマ』と板書して、二重線で消す〉」

ポイント&アドバイス

●色白で、おとなしくて、世間の「男らしさ」にあてはまらないために『オカマ』と呼ばれる子や、自分自身でも（異性愛者か同性愛者かはともかくとして）同性集団にしっくりこないと感じている子が、少数であれいるかもしれないという認識が不可欠である。まずは、その子が傷を負わないように、このような話の時には特に細心の配慮が求められる。

●同時に、（多数派の）子どもたちは「女らしさ・男らしさ」にあてはまらない人を嘲笑する文化の中に無防備なまま置かれているので、意識的・無意識的に侮蔑感情を持ってしまっていることが考えられる。そこで、「『らしく』なくてもよいこと。教師自身、『らしく』ない人も大好きであること」を繰り返し根気よく伝えよう。そのことが、少数派の子どもたちを力づけ、多数派の子どもたちの意識を変えることにつながると思われる。

（小宮明彦）

「お前太いなぁ」だなんて…

対象

キーワード

◎**展開例**

C「先生、僕、背がちっちゃいって、自分より背の小さい子からバカにされた。ちょ〜むかつく!!」

C「あたしはデブって言われた!」

T「みんなはからだの、どんなことで嫌な思いした?」

C「太ってるって!」

C「毛深いとか、ひげがはえてるとか…」

T「みんなよく話してくれたね」

＊成長のこと

T「みんなは成長ホルモンって聞いたことある? この成長ホルモンが背を高くしたりするんだよ。
でもそれには個人差があってね。早く成長する人もいれば遅く成長する人もいます。もちろん

DNAで、その人の身長とかもある程度決まっているけど…」
C「じゃあもうこれ以上伸びないってこと？牛乳飲んでもだめなのかなあ～」

＊個人差のこと
T「それからみんなは一人ひとり、違った個性を持っているよね。顔もこの世の中に全く同じ人はいないんだよね。それと同じようにからだもそれぞれ違っているんだよ。大切なのはそれをみんなで尊重しあう気持ちだよね」
C「じゃあ、チビって言った人は他の人のことを尊重していないんだね」
T「尊重しなくてはいけないことに気づいていないのかもね。自分以外の人を受け入れるのが苦手なのかもしれないね」
C「じゃあ先生、今度話してよ」

＊からだのことはもっと大切―人権侵害―
T「それからもっとプライベートな場所、例えばペニスのことや胸のことをからかう人いるよね。丁度みんなは成長期だから、他の人が気になるかもしれないけど、プライベートな所のことは友だちにも相談できなかったりするから、自分の中で秘密にしておきたいことなのに、友だちから、からかわれたら、どうなる？」
C「きゃ～って感じ！やめて～」
C「自信なくすよな。自分を否定されているみたいで」

T「そうだよね。実は〝人権侵害〟といってもよいかもしれないよ。人権というのは人が生まれながらにもっている権利。しかもからだのことは、自分が変えたくても変えられないところだからね。もっとひどいと〝セクシュアルハラスメント〟といって、言葉による性的嫌がらせをして人間性を傷つけていることになるね」

C「ぎぇ～、そんなにすごいことだったのか!!」

T「それから、人からいろいろなことを言われたり、流行に流されたりすることもあるけど、自分のからだをありのまま受けとめて、嫌いなところばっかり探さずに、好きな所をいっぱい見つけて欲しいな！まずは自分を好きになってね！」

ポイント&アドバイス

●ありのままの自分を受け入れることが重要である。

●ちょっとしたからかいも言われた相手がどれくらい傷ついているか考えさせる。

●からだのことをからかうことは人権を侵害しているばかりでなく、セクハラにもつながることを知らせる。

●他人を尊重し、個性を認め合うことが重要であることを理解させる。

●実際にすぐに話すことが難しい場合は、アンケートをとり、その結果を発表するなどの工夫も考える。

（小田洋美）

キャ〜！　５００ｇも増えちゃった。どうしよう〜⁉

対象

キーワード

◎展開例

（中学校保健室の定例体重測定で）

Ｃ「ねー先生、言わないでよ、言わないで！　見ないで、見ないで!!」

Ｔ「あのねー、太るということと、成長しているということは違うよ。ちっとも太ってなんかいないじゃん」

Ｃ「だって、５００ｇも増えちゃったよ。最悪」

Ｔ「ただ細いからいいっていうものではないのよ。身長と体重のバランスがとれて、大きくなることが大事。小、中学校時代は一番からだも変化して成長する時なの。運動をしたり、好き嫌いをしないで朝、昼、夕、きちんと食事をとること。それと充分な睡眠。バランスよく成長するための基本的な生活が大切ということです」

Ｃ「そんなことこと言ったって、お母さんだってダイエット、ダイエットとかいって朝なんかコーヒーだけだよ」

T「おとなと成長途中のあなた達では違うでしょう。それに遅くまでテレビを見ていたり、メールのやりとりを何時間もしていない？　朝寝坊をしていて朝食をとらなかったり、スナック菓子やジュースばかり飲んだり、食べたりしていませんか？」

C「あのさー、塾とか行く途中でお腹すいてるから、食べちゃうんだよねー」

T「でしょう。袋をかかえて食べてるとカロリーも高いし、気をつけないと塩分もとりすぎたりするんだよ。そうそう、生理（月経）はもう始まっている？女の人のからだって、かなりデリケートなの。無理なダイエットをしたり、心配なことがあったり、すごく悲しいことがあったりすると生理のリズムがくるったり、ひどい時にはとまってしまうこともあるのよ。

ダイエットも間違えると恐いことになるのよ。体調をくずしたり調子が悪くなったりするだけではなく、生理が長くとまってしまうと赤ちゃんがほしいなーと思った時にできにくいからだになっていたりするの。雑誌とかテレビなどではやせていることがとても美しくて素敵なことのようにとりあげているけど、本当にいいことなのかどうか、よく考えて判断する力もつけてほしいな」

ポイント&アドバイス

●人間のからだは成長期には背が伸びる時期（伸長期）と筋肉や脂肪などがつく時期（充実期）が交互にくるようになっているようです。おおよそ中学3年生ぐらいまでがその時期にあたるようです。健康について考えるチャンスともいえるでしょう。

●体重減少性無月経について…子どもたちのやせ願望は小学校の1年生ぐらいからみられます。やせていることが当たり前、やせていることが、美しいというメディアからの刷り込みには怖いものがあります。低体重を求められるスポーツや肉体的、精神的ストレスなども大きく関係するようですがいずれにしても無月経の状態が三ヵ月以上続いたら要注意。月経がとまることで生殖能力を失うなど健康に支障をきたします。小中学校の時期は、骨も筋肉も内臓も一生を健康で過ごすための、からだの基礎づくりの時であることを理解させたいところです。

●自己肯定観は人が生きていくうえではもっとも重要な意味をもちます。自分の長所、短所をあるがままに受けとめ、プラスの方向に変えようとする努力と自分自身がかけがえのない存在であることを認識させたいものです。

（大戸ヨシ子）

19 月経がつらいの…

対象

キーワード

◎展開例

（個人的な相談に対応して）

C「先生、私、いつも生理痛がとてもひどくて、つらいんです」

T「どんなふうにつらいの？」

C「生理が来る二日くらい前から腹痛がおこって、生理が始まると腹痛に加えて頭痛や吐き気も激しい時があります」

T「なるほど。それはつらいわねえ。今までそんな時にはどうやって過ごしていたの？」

C「母は薬は毒だからと言って飲ませてくれないので、我慢するのみです」

T「おやおや、そうですか。でも、我慢にもほどがありますよね。薬はお母さんの言うように毒と言えば毒なのですが、少量の薬をその時だけ服用するのであれば、影響を心配することはないのですよ。それよりも、痛みやつらさに耐えることのストレスによる影響の方が心配です」

C「生理のたびに、どうしてこんなにつらい目に遭わなければならないんですか?」

T「そうね。月経によるトラブルについてその原因を理解することは大切ですね。トラブルの主なものには、月経前緊張症と月経困難症があります。月経前緊張症は、下腹部痛・腰痛などでホルモンが関係しています。黄体ホルモンと卵胞ホルモンが急激に減少するということが起こる時期ですが、特にこの卵胞ホルモンの減少が原因で、精神的にも不安定になることもあります。月経困難症というのはいわゆる生理痛と呼ばれているもので、経血（溶けた子宮内膜と血液）を排出させるために子宮が収縮するのですが、その時、子宮頚管や子宮口が押し広げられる痛みが主なものと言われています。子宮を収縮させるホルモンはプロスタグランディンと言いますが、これは痛みを起こすホルモンの代表なんです。子宮だけでなく、全身の血管を収縮させることがあるので、腹痛だけでなく頭痛や吐き気、骨盤の圧迫感なども伴うことがあるのです。

生理痛には個人差もあります。あまりつらい時には、がまん、がまんではなく是非きちんと受診して、自分にあった治療をしてもらった方がいいですよ」

C「そうですか。痛みの起こるわけがわかりました。でも、医者に行く前になにかできる方法はありますか?」

T「大切なことね。食べ物でも、香辛料をひかえるということに気をつけてください。それから、入浴などでからだを温めたり休めたりするのも大切です。服装もからだを冷やさないように心がけるとか。それでも痛みが起こり始めたら、ひどくなる前に鎮痛剤を使うのもよい方法なんですよ。そうやって、自分のからだのことを知り、対処していく方法を工夫することは、おとなの女性に成長していくために必要なことでしょうね。ところで、生理痛を和らげる体操があるのですが知っていますか？」

C「いいえ、是非教えてください」

T「その一つですが、〝猫の背中体操〟っていうのがあります。四つんばいになってゆっくりと背中を丸めたりそらせたりするのです。骨盤内をリラックスさせて、経血がスムーズに排泄されるのを導きます」

C「今度、やってみます」

T「いろいろ試しても解消しない場合は、もしかしたら、別の病気などがある場合もありますので、そんな時には是非受診してくださいね」

ポイント&アドバイス

- 「月経痛は、それが起こるわけを科学的に知ることで、解消される要素も多分にあります。精神的に落ち着くことで、それがからだに影響すると考えられます。
- 受診の必要がある場合もあるので、状態を良く把握して適切な対処が必要です。
- 女性のからだにとって健康のバロメーターでもある月経について、女性自身がきちんと捉える事と、男性にも理解・把握してもらいたいことですね。

（佐藤明子）

射精しないと精液って、どうなっちゃうのですか？

対象

キーワード

◎展開例

（高校の授業の中で）

C「男子は、精巣で精子を作り始めると休みなく作り続けるって本当ですか？」

T「本当です。女子は卵巣の中の原始卵胞が一ヵ月に一つくらい成熟して、そこから卵子を排卵するのですが、精子の場合は、健康ならば生涯休みなく作り続けるのですよ」

C「どんどん作り続けたら、精液が溜まりすぎて、困ったことになりませんか？」

T「困ったことって？ 性器のどこかからあふれてきたりすると思うの？ そういうことはないのです。それから、溜まり続けた精液の刺激で性欲が異常に強くなり、痴漢とか強姦とかの犯罪行為を起こしてしまうわけでもありません」

C「えっ、そうなんだ」

T「その辺のところをちょっとお話ししましょうね。男子の場合、精巣の中に精細管という細い管がたたみこまれているのですが、からだと心がだんだんおとなになっていく思春期になると、その精細管の中で精子は作られ始めます。この精子の製造は、10代後半の時期が、一生のうち一番活発に作られると言われています。

精巣の中で作られた精子は、すべてが射精という形で体外に排出されるものではありません。作られた精子は精巣の上にある精巣上体というところや精のうというところで一時溜められます。溜まった精液が性的刺激によって射精されるという現象があるのですが、射精が起こされないでいると、精子は分解されて吸収されます。それから尿に混ざって排泄されることもあるんですよ」

C「えっ?本当ですか?」

T「なぜ、このような仕組みになっているのかと言いますと、精子は生命を作る際のもとになりますね。だから古くなったものを壊していつも新鮮なものを用意し、よい条件で生命を作り出そうとしているのではないでしょうか」

C「そうか、うまくできているんですね」

T「それからさっき話したことと関連するんですが、精液の貯留と性欲のこと。実は〝性欲とはなにか〟というのはとても難しい問題ですが、その中の一つである射精欲求についてある説を紹介しておきます。泌尿器科の三浦一陽氏の調査研究では、『造精機能の正常な人よりも、造精機能障害や造精機能不全の人、つまり精子を作る働きに障害があって精子の数がうんと少ない人、あるいは精子を作れない人の方が性交回数が多かった』という結果を得ており、『精液の貯留が性欲とほとんど関係しない』と考えられています。

性欲は心理的な因子とホルモンの働きによるものだと言われているのです。つまり、人間は他の動物と違い、大きな脳を持っています。特に大脳新皮質、その中でも前頭葉の働きは、人間としての考えや行動を決めさせる大切なところです。人間の性行動を決めるのは、ものの考え方、人間観、相手の人との関係性、生き方などによるのであって、精液が溜まったからといって、それが性行動に直結しているわけではないということなのです。わかってもらえたでしょうか？」

ポイント&アドバイス

- 「精子というものは溜まると射精しなければいけない」といった思い込みにとらわれて、その結果としてポルノ情報で得る類の知識に翻弄されている男子が多いという現実を見極める必要があると思います。
- 男子の生理について科学的に知ることから、男性の性行動を見直していきましょう。

（佐藤明子）

包茎ってやっぱりまずいですか

対象

キーワード

◎展開例

C「先生、包茎※1だと、癌になる可能性も高くなるんでしょ!?」

T「包茎だと癌になる可能性が高くなるんじゃなくて、清潔にしてないとまずいんだ。おしっこの時とかセックスの時とかに剥《む》ければいいんじゃない？ むしろ、包皮があった方が、敏感な亀頭を守ってくれていて、理にかなっているとも言える。包皮は感覚器として重要だという指摘もあるんだ」

C「う〜ん、必要な時には剥けるけど、でも、なんとなくヤじゃない？」

T「う〜ん。〝なんとなくヤだ〟っていうのは、どうしてそう思うようになったの？ いつ頃から？」

C「自然に」

C「いつのまにかじゃない？」

T「１９７０年代に、一部の医者とマスコミが〝包茎は癌になります。恥ずかしいです〟ってわざと宣伝し始めてからそういう考えが広まったとも言えるんだ。そうやってたくさんの人に手術をすれば儲かるからね」

C「でも、包茎って、見た目も悪いし」

T「見た目か…。露茎[※2]はかっこよくて包茎は見た目が悪いって、どうして思うようになったのかな?」

C「普通そうじゃない?」

C「うん」

T「場所や時代によって何がかっこいいかって違うよね。週刊誌なんかの広告には、医師の経歴や顔写真までつけて、〝包茎はまずいんじゃね?〟って思わせるようなのがあるから、そういうのに知らず知らずのうちに影響されちゃってるのかもよ!?」

C「そうかもしれないけど、でも普通の人は剥けてるんでしょ?」

T「包茎の人の方が自然に露茎になる人より多いんだよ。包茎でも露茎でもどっちも全然OKなんだよね。ただ必要な時にも亀頭が出ないような場合には、お風呂なんかで少しずつ少しずつ包皮の先のところを広げるようにするといいかもね」

※1　ここでは、いわゆる「仮性包茎」を「包茎」として記述しています。

※2　**露茎…通常時（非勃起時）に亀頭が露出しているペニスをこう表現しました。**

ポイント&アドバイス

●「包茎は病気ではありませんが、コンプレックスの原因になります」などの広告の真偽・性質を子どもたちが洞察できるように言葉がけや対話を行いましょう。

●おとなも子どもも、包茎より露茎を優れた形態とする価値体系（＝露茎至上主義）を知らず知らずのうちに身につけてしまっている可能性があり、注意が必要です。包茎が劣った恥ずかしい形態と考えられている現状にあっては、「（露茎が標準だけど）包茎であっても清潔にしてさえいれば害はない」というように包茎を消極的に肯定するだけでは十分ではないでしょう。性的な感覚器や亀頭を保護する器官としての包皮の役割が指摘されていることにも注目し、積極的に包茎を肯定することが必要です。

●包茎の話を聞くことに無関心であったり嫌悪感を持ったりする女子もいるので、女子がいる場面では、「男の子を育てる時にペニスの形態についてのいい加減な情報に戸惑う母親もいるんだよね。〝うちの子のおちんちんこれで大丈夫なのかしら？〟って。育児雑誌でもたまにとりあげられるテーマなんだ。だから、そういう意味でも大事なお話なんだよ」と前置きすると、一部の女子生徒の抵抗感を和らげることができます。

（小宮明彦）

先生！反抗期ってどうしてあるんですか？

対象

キーワード

◎展開例

（学級活動の時間に）

C「先生！反抗期ってなんですか!?」

T「どうしたんだ？突然に。誰かに言われたのか？〝お前反抗期だな〟って」

C「え!? どうして知ってるんですか、そうなんです、父親に。昨日一寸言い合いになった時に」

T「いつ必ず反抗期がくると決まってる訳じゃないんだが。大体小学校高学年から中学校時代に多いかな？ 反抗期って。でも誰でも同じじゃなくてやたら反抗する子も、ほとんど反抗した記憶のない子もいるよ」

C「そうなんですか、なにかこのごろ親父の言うことにやたらムカつくんですよ」

T「〝やたらに〟といっても理由があるんだろう。中学生なのに相変わらず子ども扱いされるというか、いや子どもだけどね、中学生も」

C「……」

T「いまも言ったけど、反抗期というのは子どもからおとなになっていく上での〝自立願望のあらわれ〟という面がある、小学校の3、4年ぐらいまでは親とか先生とかおとなの力が絶対で、おとなの言うことを聞いていればよかった。おとなに依存して生きているんだね」

C「……」

T「ところが思春期になると自分は、もう子どもじゃないという気持がわいてきたり…」

C「思春期ってなにですか」

T「あれ？この前の保健の授業でやったんじゃないか？女の子では月経、男の子は初めての射精を経験することでおとなのからだ、つまり妊娠したり、させたりできる能力を持ち始める、それからスタートして数年間、大体18歳までの間のことを思春期というんだよ」

C「じゃあちょうど始まったころなんだ。今が」

T「そうだね。からだの方はそうやって一日一日おとなになっていく、ところが親もおとなもなかなかそういう変化に気づきにくいからついそれまでと同じように子ども扱いしてしまう、まあそういうところから親やおとなと子どものずれが生じやすいんだね」

C「そうか。だったらどうしたらいいんですか？」

T「そうだね。まず自分だけでなくて中学生の頃は、いま言った〝自立〟の気持が強くなって自分がしたこと、言ったことについて人からなにか言われるととても敏感になるし言い返したくなる時期だとまず知っておくことだね。ただし〝自立〟の気持なのか、ただ〝我がまま〟なだけなのか、自分の言動を冷静に振り返って考えてほしい。それから親に対してもそうだけど相手の人が自分に伝えたいことの意味はなになのか深く考えられるといいと思うよ。そして今度はその相手の人に自分の気持をわかってもらうにはどんな言い方をしたらいいのか—いやそんなことなかなかうまくいかないけど、そういう訓練をすると君の思考力、表現力、人間関係をつくる力がグッとつくと思う」

C「そんなの、難しいよ」

T「そうだよね。おとなだって、なかなかうまくいかなくて傷つけ合ったりしているからね。ただね〝反抗〟というのは自分という人間を強く意識することから生まれる気持でしょう。その気持をたいせつにして、自分の考えていることを相手に正しく伝え、相手の気持を正しく受けとめる力をつける、つまり自分を成長させるチャンスにできるといいね」

ポイント&アドバイス

- 「反抗」ということを人間の成長発達の過程の中に位置づけて考えさせたい。
- 反抗という気持ちや行動があらわれやすい時期はあるが、みんな同じではなく、そのあらわれ方、あらわし方にも個人差がある。
- 自分の気持ちや考えをどうしたら相手にわかってもらえるか工夫することで、自己の成長をはかることを考えられたらいい。

（村瀬幸浩）

23 なんでエッチビデオを見たらいけないんですか

対象

キーワード

◎展開例

（電話相談から）

相談員「中学生のあなたが『性』について興味をもつのは、ごく自然なこと。当たり前のことだと思います。そして、多分おおかたの男の子は自分の部屋にエッチな雑誌を隠し持っていたり、友だちと回し読みをしたり、それらにまつわる話をおもしろおかしくしているのではないでしょうか。

エッチビデオについても、もう既に見たことのある友だちもいてあなたも〝みてみたいな！〟と思ったのではないですか。でもね、エッチビデオは、日常の生活の中で当たり前のことのように、だれとでも一緒に楽しんでみるようにできているものではありません。

つまり今、みなさんが目にするエッチビデオはおとなの男性が見ることを前提に作られているものなのです。その上内容の多くは女性を人ではなく物のように扱い、時には暴力的であったり、犯罪に近いようなものであったりします。

子どもに見せないのは、人生経験が少ないためにビデオに登場して演技している男女の姿を全て本当のことのように錯覚をしてしまい、そのために性に対して卑しい気持ちを持ったり、女性に対して差別的な気持ちを持ってしまうことが恐いのです。

今の皆さんには『性』というものが生きていく上で、とても価値のある大切なものであることを学んでほしいのです。エッチビデオを好んで見るおとなもいます。見ないおとなもいます。

エッチビデオを見るよりも、その他のいろいろなことを経験したり見たり聞いたりして、人間の性というものへの理解を深め、作り物、嘘のものだと見抜ける力をつけてほしいと思います。そして、男も女も対等で、お互いに相手の人を思いやったり、大切にできる性の関係を持つことができるようなおとなになってください」

ポイント&アドバイス

●ポルノが時に求められるのはそれが必要だと思う人がいるからです。しかし、ほとんどのポルノは、おとなの男性の想像を刺激して、おもしろく見られるようにできているもので、まさしく売る目的で作られているのです。問題は多感な思春期の時期に男女の営みを興味津々で初めて目にするものとして適切かどうかということです。自分の目で真実をみる目や力をつけることを理解させましょう。

●本来、人と人は対等であるべきで、そのふれあいはここちよいものであることや人の優しさ、人間としての尊厳についても考えさせたいものです。

●見てほしくないということを押しつけるのではなく、それを本当のことのように思ってしまう危険性や特に女性の人権侵害に視点をおいて理解させることも必要でしょう。

●コンドームを必ずつけているのに、そういう表現をしていません。

（大戸ヨシ子）

24 どこからエッチな知識を仕入れてるの？

対象 

キーワード 

◎**展開例**

廊下で何人かの男子生徒が話をしています。中に入って、話に加わります。

T「…ところで、エッチな知識ってどこから仕入れてるの？」

C1「そりゃあ、先輩から聞くのが多いかな」

T「その先輩はどうやって知ったのかね」

C1「う～ん、本とか…」

C2「あと、雑誌。『○○○』なんて、エッチの仕方書いてある」

T「なにそれ？」

C2「知らないの？　マンガじゃん」

C3「それとインターネット。無料ムービーとかあるし」

C1「おまえ、うちでよく見てるだろ」

C3「えっ、時々だよ」
C2「だけど、あれってチョー短いじゃん」
T「そういうの見てると、実際にやってみたくならない?」
C2「思わね～。相手いないし－」
C1「なんか、気持ちわり－って感じ」
C2「○○（同級生の名前）、もうやったってうわさじゃん」
C3「エー、マジ?俺もちょっとやってみたいかも」
C1「ゲッ、誰と?相手いないじゃん」
C3「○○（JRで20分程度のところ）行けば、引っかかる女いるって聞いたぜ…」
T「なんだか、うわさ話みたいなのばっかりじゃん」
C3「俺、知ってるよ。女には〝ジョジョマク〟ってのがあるんだぜ」
C1「あっ、それって俺も聞いたことある」
T（オイオイ、〝ジョジョマク〟なんてことば、まだあったのかよ。ここはちょっと出番かな…）
「それって、ちょっと違う……っていうか、古い作り話だぞ。女性のからだにはみんなが考えてるみたいな〝マク〟はないよ」
C3「まじっ!けど、なんかに書いてあった……ような…」
C1「エ～、〝ジョジョマク〟破れるから、最初にやった時必ず血が出るんじゃないの?」
T「なんだか心配だなあ。このままおとなになっちゃうなよ。もうちょっと正確な知識持とうぜ」

ポイント&アドバイス

●生徒が持っている知識をできるだけたくさん聞き出す意味でも、生徒の話をあまり否定せずに聞いた方がよい。最初から「それはおかしいよ」などと言うと、生徒は話さなくなってしまうことも考えられるからである。

●なによりも大切なことは、まず私たちが〝正しい知識〟を持つこと。でなければ、生徒のまちがった知識に自信を持って対応することはできない。

●〝正しい知識〟を持ったうえで、生徒にわかることばで話すことも大切にしよう。いくら〝正しい知識〟を伝えようと思っても、相手に通じない言葉で話しても聞いてくれるはずはない。

●メディアからの情報を鵜呑みにすることの危険性にも気づかせたいものである。雑誌やテレビ、インターネット等の情報は、「おもしろい」「売りたい」「より刺激的にしたい」等の理由から、現実とはかけ離れたもの、あるいは現実をゆがめて描いたものになっていることがある。情報に接した時に「へェー、そうなんだ」と思うのと同時に「これってホントかな？」と疑ってみることも大切だということを伝えたい。

（山下 泰）

25 エロサイトやエロ本はなぜ見たいの？

対象

キーワード

◎展開例

T「最近、保護者の方からこんな相談があったんだけど、みんなどう思う。『うちの息子は、どうやらパソコンでエッチなサイトをみているようです。それに部屋にはエッチな本も置いてあります。どう言ったらいいんでしょう』というものなんだ。みんなアダルトサイトやエロ本があることぐらいは知っているよね」

C「聞いたことはあるけど、よく知らない」

C「Aくんは好きだよ」

C「私は、見たくもない」

＊ここでは何の反応もないかもしれません。本音ではなく、知らないふりをしているのです。

T「中学生の時に、見たことがあるもので、アダルトビデオは男子が半分以上、女子が5人に一人ぐらい、エッチな雑誌は男子が6割から7割、女子が3割、インターネットのエッチなサイト

は男子が3割から4割、女子が1割弱だというデータがあるんだよ」（04年全国高校ＰＴＡ連合会調査）

Ｔ「男子は『楽しい』と思う人もいるかもしれないけど、本当の実態を知ってるかな？ 例えば出会い系サイトやテレクラは男性が有料ですが、女性側からアクセスは無料です。なぜだと思う」

Ｃ「わからない」

Ｃ「女性がアクセスしやすいように」

Ｔ「そう、それは女性がそこでは商品だからだよ。八百屋の野菜、魚屋のさかなと同じ、商品がなかったらお客の男性は寄りつかない。だから無料」

Ｃ「ひどい、女性が野菜や魚と同じ商品だなんて」

Ｔ「それだけじゃないよ。アルバイトで人を雇っているんだよ。いわゆる『さくら』だね。テレクラでは声がわかるから女の人だけど、メールでは男の人が女になりすましていることも多いよ。だから一生懸命連絡してもだまされて、お金だけとられて会うことはできないことが多いんだよ。お金といえばエッチサイトでは見ただけで法外な金額を要求されたりするんだよ」

Ｃ「許せないなあ、ちょっとあわれだね」

Ｃ「男もバカみてる」

Ｔ「それにね、見知らぬ者どうしを引き合わすんだから、犯罪の温床になっていて女性はもちろん、男性も脅されて被害者になることも多いから注意しなくちゃいけないよ」

Ｃ「男の人ってお金を払ってまでなぜそんなことしたり、見たりしたいの、楽しいの」

Ｔ「そこだよ、エッチな性情報の多くは、男性に買ってもらうために男性中心に興味をそそるようにつくられていて、なかには女性を支配の対象にして暴力的なものもあるんだよ。それに避妊や性感染症の予防なんてほとんど扱わないしね。そんな貧しい情報で学習した男性に付き合わされる女性はたまったものじゃないよね」

C「じゃあどうしたらいいの？」

T「性情報の嘘に気づいて、振り回されず、誰とも対等平等に交流できることが必要だよね。それに見られたくない本を人目につくところに置いていたりするのはルール違反、見ると不愉快な人もいるから、自分の居場所ぐらいは男女とも、自分で掃除、片づけをすることが大切だよ」

ポイント&アドバイス

- 興味本位の性情報のフィクション性を暴いて、真実を理解させることを心がける。
- 男性を犯罪者のように扱うことのないように、男性も性情報に踊らされていることに気づかせる。
- 見てほしくないという思いはわかるが、それを押しつけるのではなく、危険性や欺瞞性を理解させることで情報を読み解く力をつけさせる。
- 興味本位の性情報に流されないために、対等な人間的交流の大切さに気づかせる。

（関口久志）

男らしさ・女らしさ・自分らしさってなに？

対象

キーワード

◎展開例

T「最近、ダイエットを始める女子や、タンパク質に偏った食事ばかり続けて、背が伸びたいとか筋肉増強を試みている男子が増えているのですが、成長期の肉体改造は、正しい知識がないと危険が伴います」

C「でも、女性タレントやアイドルはみんなスタイルいいし、体重も40kg台だけど、元気ハツラツですよ」

C「やっぱり、世間の常識として女の子はスリムで、男はマッチョのほうがもてるよね」

T「タレントさんにはマネージャーがついており、栄養や運動も専門スタッフがいて、体重管理も仕事の一部です。また、公表している体重は、かわいらしいイメージのため少なくしているそうです」

C「でも、太ってると男子にもてないしね」

Ｔ「ここに過去10年間の卒業文集があります。どの学年でも恒例になっていた『クラスでのもてる人ランキング』を調べてみました。すると女の子の体重とクラスでの人気順位は全く一致していませんでした。人気の基準は『明るい、おもしろい、責任感がある』などの理由で、つまり性格によるものでした」

Ｃ「へー、そうなんですか？男子はどうなんですか？やっぱり背が高いともてるのですか？」

Ｔ「それも残念、はずれです。人気の上位の男子は、『優しい、気が利く、乱暴しない』などで、人気ナンバーワンには、学年一背の低い子もいました。つまり、もてるとかもてないと、スタイルは全く関係ないようです」

＊事前にクラスでアンケートをとったデータを使うと信憑性《しんぴょうせい》が増します。

Ｔ「そう、もう一つ、おもしろい発見がありました」

Ｃ「そうそう。私も気がつきました。人気の基準については、男と女が逆だと思っていました」

Ｔ「私たちは、社会的にイメージされる男らしさや女らしさにしばられて生きています。それをジェンダーといいます」

『期待されるジェンダーの表の掲示』

・女性→優しい、おとなしい、従順、守ってあげたい、弱々しい、イメージ色→赤、ピンク

・男性→強い、たくましい、リーダーシップがある、決断力がある、イメージ色→黒、青

Ｔ「昔は小学校のランドセルの色も、女の子は赤で男の子は黒って決められていました。でも、最近の若者たちのファッション雑誌を見ると、女の子の流行色が黒で、男が赤ってこともありますね。ランドセルも24色そろっていて自分で選べるようになってきました」

C「そうそう、おれはレッズのファンだから服はなにでも赤、弟のランドセルはオレンジ色だし」

T「運動能力や体力の男女差についても研究がすすむほど男女の差は縮まり、職業の選択の幅も広がっています。ダイエットばかりに気をとられ、学力が伸びず体力のない女性では社会進出できずリーダーシップをとることができません。また、男性がたくましい体づくりに励んでも、優しさや協調性がないと、他人との関係性をうまく結べませんね」

C「体型ばかりにこだわるのは、よくないことはなんとなくわかったけど、でも、背が伸びないことは、やっぱり気になる」

C「うん、やっぱり痩せてないと洋服が似合わないし」

T「すでにみなさんが持っている男らしさ女らしさのイメージは、テレビや雑誌などのメディアからの影響も強く、少し勉強しただけではなかなか抜け出せません。これからは、一人ひとりが『個人』として、その人らしく生きていくために、ジェンダーにとらわれず生きていくための学習を続けていきましょう」

（金子由美子）

ポイント&アドバイス

●スポーツ界、政治で活躍する女性、生け花や編み物などの分野で活躍する男性などの記事を具体的に紹介する。

好きならセックスしていいの？

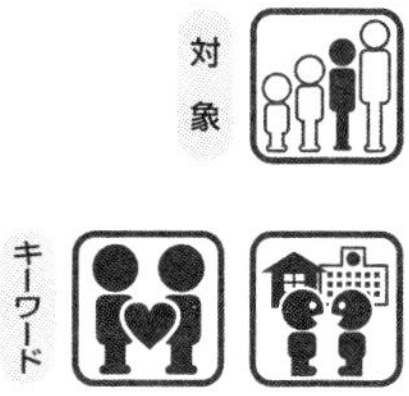

◎展開例

T「昨日、近くの公園で毎晩のように抱きあいキスをしている中学生のカップルがいるということで、学校で指導するべきといった電話が地域の方からありました」

C「そんなのお節介だと思います。中学生だって愛し合ってればキスぐらいしてもいいと思います」

C「校則には違反してないし、学校がとやかく言うことじゃないよね」

C「その人はきっとおばさんでしょ？ ひがんでんじゃないの」

T「みなさんは保健の授業で男性や女性の二次性徴について学習しましたよね」

C「先生の言いたいことはわかっていますよ。おとなのからだに成長しているのだから、キスから行動がエスカレートして性感染症になったり妊娠することが心配だっていうんでしょ」

C「でも、お互いが初めてどうしなら性感染症にはならないし、妊娠しない方法だってみんな知ってるよ」

T「避妊については、まだ教えていないはずなのに知っているという中学生の知識は、雑誌や友だちの情報であり、間違っている場合もあります」

C「でも、キスでやめとけばいいんでしょ。セックスまでいかなきゃ絶対に大丈夫」

T「キスやセックスをしたいって気持ちを性的欲求と言いますが、それによる性的行動をコントロールするのはとても難しいことなのです。おとなでも自制心がきかなくなり、セクハラをしたり痴漢をして捕まる人がいますよね」

C「それは、犯罪でしょ」

T「そう、相手の合意が得られず自分の欲求だけで突っ走る性行動は、犯罪的なことなのです。性行動で相手の合意を得るためには、異性のからだへの科学的な知識も必要だし、自分や相手の心とからだを大切に思う深い愛情が必要です」

C「どうして、性的な欲求のコントロールは難しいの？」

T「キスやセックスには、心地よいと思う感覚が伴うようになっています」

C「でも、知らない人にキスされたら嫌だよね」

T「実はその感情が大切なのです。相手への尊敬や信頼感がないセックスは、心地ないのですね。パートナーへの尊敬や信頼感がなによりも重要なことになります」

C「じゃ、どうすれば、女性に信頼されるようになるのですか？」

T「そのためには性的行動をコントロールできたり、性的に自立できていること。そうでないと異性との創造的な人間関係は結べませんね」

T「20歳を越えたからといって『性的な自立』を果たしているとは言えませんね。だから、好きという理由だけでセックスをするのは望ましい選択とは言えないと思います」
C「うちはお兄ちゃん夫婦が、大学生どうしのできちゃった結婚なんですが、お父さんが経済的な面倒を見て、お母さんが子守をしています。いつも困ったもんだっていう愚痴を聞かされていますので、子どものうちは、セックスしたくありません」
T「人生の設計図は、一人ひとりみんな違うはずです。16歳で結婚することを選択する子もいれば、一生結婚しない選択をする人もいますよ」

ポイント&アドバイス

●日常から自分たちの「自立度」や若年層の性行動について考えさせる。
●性的に自立するための条件
・科学…自分のからだやパートナーのからだのことを理解できている。
・人権…自分の性とパートナーの性を敬愛することができる。
・自立…生活や経済で親や他人に負担をかけない。
・共生…生き甲斐に結びつく人間関係がつくれる。
・愛情…望まない妊娠をしない。させない。
・責任…自分が選択した性行動に責任をとる。

（金子由美子）

28 性感染症、あなたは大丈夫？

対象

キーワード

◎展開例

T「みんなは『性感染症』って聞いたことある」

C「ある～！」

C「しらなーい」

T「性感染症とは、性行為、セックスで感染する病気のことです（ＳＴＤ、ＳＴＩとも言います）。『なーんだ、自分には、まだ関係ない病気』と思っていませんか？ しかし、いずれみんなにも関わってくることだから、知識として聞いてください。まず悲しい現実として、今日本では若者の性感染症は急激に増加しています。正しく理解しないと、この病気は自分だけではなく、大切な人の健康と人生も変えてしまいます」

C「大切な人の人生…」

T「そう。性感染症には、クラミジア、淋菌感染症、性器ヘルペス、コンジローム、トリコモナス、梅毒、エイズなどがあって、性感染症のウィルスは、傷口のある皮膚と粘膜を通って血液に入り込みます。女性はワギナ、男性は尿道口、のどの粘膜などもウィルスにとっては入り口です。

進入したウィルスは静かに痛みもなくからだの中で増え続け、卵巣や精巣など生殖器官に忍び寄ります。風邪のように咳や鼻水がでるような自覚症状がないため、大切な人にうつしてしまうのです。

現在、感染者が一番多いクラミジアは、1～3週間後に男性では排尿時に痛み、女性ではおりものの量が増える症状が現れると言われていますが、男性の50％、女性の80％の人には症状が現れません。

自覚症状もないまま、感染が進行すると、女性は子宮の内部から卵管、卵巣まで炎症を起こし、不妊症（赤ちゃんができないこと）になる危険性が高くなります。男性は、尿道炎、前立腺炎、精巣上体炎、男性不妊症になることもあります」

C「なんだよ、先生。それってすっげー、危ない病気じゃんか。どうすれば治るんだよ…」

T「すり傷やちょっとした風邪は自然に治りますが、性感染症は自然に治ることはありません。感染の可能性があると思ったら、女性は産婦人科、男性は泌尿器科を受診します。そして、なるべく早く相手に伝えることです。できれば一緒に受診し、治療は必ず治るまで二人同時にすることです。

もし、友だちから相談を受けた場合でも、きちんと専門医に受診するようにアドバイスできる人になってほしいです」

T「では、性感染症に感染しないためにはどうしたらよいのでしょうか?まず、セックスをしない選択、それから、むし歯予防に歯みがきをする、風邪予防に手洗いやうがいをするように、性感染症予防にはコンドームを正しく使うことが大切です。

そしてなにより大切なことは、自己中心の性行動ではなく、二人が性感染症や避妊のことを話し合い、性感染症予防の行動ができる関係作りです。

インターネット、携帯でも正しい情報を発信しているサイトがあります。しかし、『愛しているなら、セックスは当たり前』という性情報もあります。そのような情報に流され、相手に悲しい思いをさせないためには、相手としっかり向き合い、自分たちの恋愛ペースで幸せな時間を過ごすように考えていくことが大切です。みなさんが、お互いに成長し合えるパートナーとめぐり会えることを願っています」

（横田早苗）

ポイント&アドバイス

●話だけではなく、文字をフラッシュカードにして示し紹介すると、もっとわかりやすい。

●具体的な話を紹介しながら、予防の大切さを説明する。

●中学生は性の話に対して、その場のリアクションは表わさないものの、後日、質問の嵐となることが多い。生徒が相談しやすい人間関係に日々努める。

29 学校の先生が「援助交際」で捕まった！

対象

キーワード

◎**展開例**

T「今朝の新聞に○○県の学校の先生が『援助交際』で警察に捕まった話が出ていたけど、読んだ人いるかなぁ。夕べのテレビでも報道していたんだけど」
C「見た、見た」
C「知らなーい」
C「えー、そんなことあったの」
T「見た人、読んだ人はどんな感想を持った？」
C「さいてー」
C「きもちわる～」
C「先生なんか信用できなーい」
T「あはは。そうだよね。同じ年頃の女の子として、『援助交際』についてはどう思う？」

C「はんたーい」

C「いいじゃん、人に迷惑かけなきゃ」

C「自分の勝手でしょ」

T「色んな意見があるみたいだね。『援助交際』って言うと、日本人は言葉をごまかす悪い癖があるんだけど、実際には、大半が男の買春、少女の売春だよね。ところで、日本の男はどれぐらい女性を金で買うことをやっていると思う?」

C「わかんなーい」

C「どれぐらいなんですか、先生」

T「数年前にあるテレビ局が渋谷の街頭でやった調査では約半数の男が買春体験があったみたいだね。これは世界でも極めて高い数値なんだ」

C「げー、そんなに」

C「不潔~!」

C「やだー、彼もやってんのかなぁ」

C「別にいいじゃん」

C「先生は『援助交際』っていうか、買春、売春についてどう思っているの?」

T「私は反対だね。半数の男が買春体験があるってことは、どうしても女性を『金で買える性』と見てしまうことになるでしょう?女性への偏見というか、女性を軽く見るというか、そんな意識を広げてしまうことが一番心配だね。日本はまだ性差別の強い国だから」

C「でも、女の人が男の人を買うこともあるじゃん」

Ｔ「ほんの一部の女性がそういうことをするからといって、男女が対等に性を売買しているってことにはならないよ。それにね、『援助交際』は昔からあるわけじゃないんだ。この10年ぐらいだよ、日本の男たちが、君たち10代の性を狙いだしたのは」

Ｃ「私たち商品価値あるんだ～」

Ｔ「そうだよ。補導された人たちは、ほとんどがお金か、孤独感を癒すか、スリルを味わうことが目的となっているみたいだね。君たちの中にも、もしかしたらそんな感覚の人がいるのではないですか。でもね、よく考えてほしいんだ。今はなんでもかんでも金がモノをいう嫌な世の中になってしまったけど、せめて『性』とか『愛』ぐらい、絶対にお金で売買できないものがあってもいいんじゃないかな。これは人の生き方の問題だけどね。孤独感を癒そうとしても、いっ時の関係じゃ逆に寂しさが深まっちゃうんじゃないかな。なにより性感染症が心配だよ」

ポイント＆アドバイス

●安易な売春に少女たちが走っている危ない現実を見すえるべき。

●頭ごなしの道徳論は通用しない。凛とした姿勢を示しつつも、あとで生徒自身が考えていくような話が効果的である。

（鈴木正弘）

30 デートDV――二人の関係は？

対象

キーワード

◎**展開例**

＊付き合って6ヵ月のA夫とB子は同じ高校に通っています。しかし、クラスや部活が違うことから、いつもケータイの電話やメールで連絡をとりあっていたのですが、ある時、B子からA夫との関係についてこんな相談をされました。

B子「先生ー、私、A夫がしつこく、いつもいつもケータイでなにしてるか確認するから嫌になっちゃった。最初は嬉しかったんだけど、だんだんケータイで話すことと実際がちがったりすると、怒って暴力ふるうし…」

T「例えばどんなこと?」

B子「『今、どこ?』って聞くから『校門にいるよ』って言って、友だちが来たから流れで駐車場で話していたらA夫が来て、『言ってることとやってること違うじゃねーか』ってキレちゃって大騒ぎ…。多い時は30分に1回も連絡が来るんだよ。しないと怒るし、寝てからもメールくるし、A

夫の思い通りにならないと叩かれることもある。だから、このごろ授業や部活に集中できなくて…。なにもかもA夫に縛られてる気がして本当に嫌だよ」

T「A夫はこれが『愛』だって話してたよ」

B子「えっ…!?、しつこいし迷惑だし、暴力がこわいよ…」

＊このようなB子とのやりとりの後、A夫と話しました。

T「A夫はB子に一日に何回もケータイで連絡をとってるんだって?」

A夫「そんなこと誰でもやってるよ、付き合ってるってのはそんなもんだろー!相手がなにをしてるか気になるもん」

T「例えば、どんなことでケータイで連絡するの?」

A夫「今、なんの授業?休み時間なにしてるの?誰といるの?帰りは何時頃?とか…」

T「それをB子にいちいち確認するの?」

A夫「そうだよ。これが愛だよ。いつも気持ちがつながってるかどうか、ケータイでわかるんだよ」

T「さぁ、みなさん、どうですか?A夫はこれは愛だと言い、B子は自分がA夫の思い通り行動しないと叩かれたり、暴言を浴びせられたりするので、怖いと話しています。好意をもちながら交際していたはずの二人になぜこうしたすれちがいが起きたのでしょうか?自分自身やみんなの身近な友だちにも似たようなケースはありませんか?

好きな人のため、『愛』のために、と言いながら相手の心やからだを傷つけ、管理することをデートDVと言います。親しい間柄にある恋人からの暴言暴力や支配的、高圧的言動のことを言います。セックスを強要する、避妊をしない、繰り返し中絶をさせる、などの性的暴力もあげられます。
よくみられる特徴は、携帯電話をツールとする、カップル間の『監視』と『支配』の関係です。原因として、『男はこうあるべき（強く）』『女はこうあるべきだ（受動的）』という性別に関する思い込みが挙げられます。女性に対する男性のデートDVがその逆よりも多いことからもわかります。恋人の間柄においては、多少の暴力や性的強要は許される、という考え方ではなく、恋人同士だからこそ、お互いの気持ちを尊重しあえる関係を築いていけるのではないでしょうか」

ポイント&アドバイス

●自分たちの交際・性的行為を含む付き合いが、対等な同意・安心・安全の上に成り立っているのかを振り返らせる。
●デートDVの場合、加害者も被害者もお互いの関係がデートDVだと気づいていない場合が多い（日常的に繰り返し行われる、「愛している」という不確かな言葉にとびつく人間の寂しさや悲しさ）。信頼を基本とする人間関係に気づかせる。
●AV（アダルトビデオ）のレイプものなどの影響で「女のいやは好きのうち」などの間違った言い伝えを信じている生徒も多く、情報やメディアによって作られた男性像、女性像についても広げて伝える。

（高橋裕子）

31 なぜ学校に携帯電話を持ってきてはいけないの？

対象

キーワード

◎展開例

T　「学校での携帯所持は禁止されていますが、このところ頻繁に持っている生徒が見つかっています。みなさんの意見も聞いてみたいと思います」

C美「私は規則を破るのは嫌いですが、学校帰りに塾に直行する時、帰りが遅くなってしまい母の迎えを頼む時に必要なので、実は内緒で持って来る日もあります。公衆電話は、なかなかみつからないし」

A夫「先生たちは、携帯禁止の理由を授業中にメールをするヤツがいるとか、着音が鳴るからっていうけど、それって持ってきてもルールやマナーを守ればいいんじぁないかな？俺んちの親も、今時は、小学生だって持っているのに中学校は古いよって言ってるよ」

C子「うちの両親は共働きで、母は弁当屋での深夜勤務なので、保護者会に来られません。でも、今まで家族で会話がなくって寂しい気がしていたけど、携帯メールできるようになってから、みんな一つにつながっている気がします」
A助「そうそう、父親の顔見るとチョーむかつくけど、メールだと結構仲良くって、サッカーの試合の結果とか、友だちのシャメとか送ってると付き合っている仲間が見えて安心だって喜んでるよ。父親もメル友のひとりになった」
T 「みなさんの意見は、携帯のよいところばかりが出てきますね。反対に問題があるなって思っていることはないかしら？」
C子「クラスには携帯を持ってないヤツいるよね。A美の家みたいにチョー厳しい親には買ってもらえずにかわいそうだし…。値段の高い機種とかを自慢して見せびらかすのは止めた方がいい」
C美「持っていない人もいるのに、部活やクラスの連絡網を携帯のメーリングリストにすると、いつも連絡からもれる人がいて、かわいそうだよね」
A夫「そういうことって忘れがちって言うか。俺もまだ買ってもらえない時、「ダセー」って言われて悔しくって、親に八つ当たりした。でも、そん時オヤジが入院してた時で金無かったって知って、後で反省した」
C美「誰とは言いませんけど、携帯料金が十万とか自慢しているヤツがいるけど、親がかわいそう。絶対に怪しいサイトとか使っていると思います」
C子「隣のクラスに、女子の名前を使ってエッチ画像を送ってた男子いたでしょ。そういう使い方サイテー」
T 「現実に、有害サイトへのアクセスや不法高額請求などの様々なトラブルも起きています。事前にその対処やマナーについて学習する必要がありますね。今度の学級活動でネットを使う上でのマナーやエチケットなどの『ネチケット』について、みんなで勉強しましょうね。私も資料持ってきますが、インターネットなどで調べられる人は、情報があったら持ってきてください。このクラスには、携帯の機能やネットの知識くわしい人たくさんいますよね」

ポイント&アドバイス

●出会い系サイトやテレクラなどへの若年層のアクセスに対して、法整備やフィルタリングなど、規制や管理の方法についての論議が始まっている。だが、実際に使用している子どもたちからの意見は、なおざりにされがちである。教員や保護者は、携帯を子どもたちの文化として、調査研究し、積極的に子どもたちからの意見を聞く機会をつくるべきである。

●おとなの多くは、援助交際、テレクラ、アダルトサイトといった性産業や、暴力的な言葉や映像が飛びかう有害サイトに、子どもたちがアクセスすることを心配している。情報を選択し、使いこなす能力を高めるリテラシー教育は、中学校、高校で始まっており、実践を学び合いたい。

●子どもたちは携帯を所持した途端に、機能を使いこなす技術が上達し、瞬く間におとなの理解を超える使い方を会得する。買い与える時、使用の時間、設定料金、親の関わり方、アクセス先などのルールについて、話し合っておきたい。

（金子由美子）

先生、昨日エッチした？

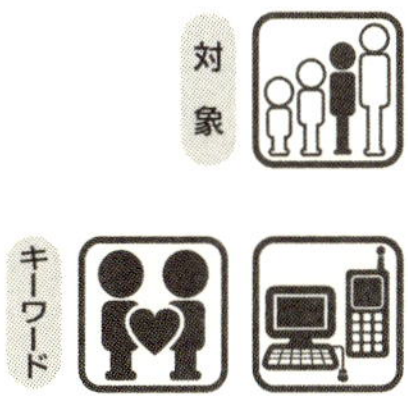

◎展開例①

C「先生、昨日エッチした？」
T「なんでそんなこと聞くの？なにかがあったの？」
C「えぇ。別になにがあったわけじゃないけどさぁ」
T「なにって言うわけじゃないけど、性について興味があるわけね」
C「興味っていうかさぁ…（もじもじ）まぁ、そんな感じかなぁ…」
T「話のきっかけとして、そういう言い方したんだろうけど、急にそんなふうにプライベートなこと聞かれたらびっくりするし、そもそもそういうふうに聞くことじゃないと思うんだよ」
C「そうですね…、ごめん」
T「わかればいいんだよ。性に関して勉強したいなぁと思ってるんだったら、保健室の本が参考になると思うよ。気になる本があれば、これ読んでいいですか？って、聞いてもいいし、具体的に話したいことや聞きたいことがあったら、それを聞いてくれれば、できるだけ一緒に考えたりできると思うよ?」

C「実は、付き合ってる彼女が…」(以下相談が始まる)

◎展開例②

C「先生、昨日エッチした?」

T「え?突然な質問でびっくりしたよ。どうしたの?」

C「わぁぁぁ。先生、顔赤くなってるー。やっぱ、エッチしたんでしょ。わはは」

T「突然そういうこと言われてびっくりしたんだよ。エッチって、例えばセックスってことでしょ?考えてもないことを突然言われたら驚くでしょ」

C「えーっ。いっつも考えてたりして~。げらげらげら」

T「どうして、わざとそういう嫌な言い方するかなぁ。できるだけ丁寧にキミの話を聞こうと思ってるんだよ?キミのことを大切に考えたいなぁと思ってるのに、そういうふうに言われると、話すのもいやな気持ちになっちゃうよ」

C「そんじゃ、先生のセックスのこと話してよ。昨日、したの?」

T「そういうのはプライバシーって言うんだよ。人に話したくないなと思うことがあるのは、人として当然のことでしょ。そういうふうに悪ふざけで聞くのは、やめたほうがいいよ」

ポイント&アドバイス

●多くの場合、突然このような質問を受けるおとなはどのような反応をしたらいいのかわからなくなる。そんな時は、まず「どうして聞きたくなったの？」などの質問で返すと一呼吸することができる。あるいは、「急に言われたから、ちょっとびっくりしちゃった」と、驚きを正直に言葉にしてしまうことも質問を受けた側の気持ちを落ち着かせるのに有効である。

●避けたい態度は、驚きを怒りに変えてしまうこと。「そんなことを聞くものではない！」「なにバカなことを言ってるの！」と拒絶してしまうと、せっかくの会話の芽が摘まれてしまう。決して適切な質問とは言えないが、このような言い方しかできない子どもに対して、お互いが気分良く会話できる言葉を教えていくことも大切なことで、こういう場面ではそのことを伝えるきっかけだと考えてみる。

●性に関する興味を持つことは悪いことではないが、プライバシーに立ち入ることは人権にも関わることだということをしっかり押さえる。

●このような質問をしてくる場合、子どもはその相手を選んでおり、「この人なら」と、みこんでいるとも言える。質問をされた時は、毅然と、そしていいチャンスと前向きに考えて話を展開させる。

（井上逸子）

33 同性愛の人が増えると人口が減る？

対象 

キーワード 

◎展開例

（質問に来た生徒への対応）

C「先生、最近同性愛の人が増えてきたんですか？」

T「どうしてそう思うの？」

C「以前より、テレビなんかでも同性愛の人がかなり出てきているように思う」

T「なるほどね。でも、同性愛の人が増えたり減ったりすることはありません。世の中が同性愛の人を受け入れるようになると、隠す必要がないので増えたようにみえるのです。同性愛は生殖の性につながらないことから、犯罪者や変態者のように扱われた時もあったのですよ」

C「えーっ、それはひどいですね」

T「そんなことも影響して、人びとの間に偏見や差別感情といったものがあって、なかなかカミングアウトする（個人的に他の人に打ち明けたり、公に明らかにして、人との関係を変えていくこと）

ことがむずかしかったのです」

C「今は、だんだん変わってきていると思いますが、どうやって変わってきたのですか？」

T「それまでに当事者たちの大変な努力があったことや、人権としての考え方が広がって、ＷＨＯで１９９３年に同性愛は精神障害などの病気ではないことが宣言されました。それによって同性愛者たちは一層勇気を持つようになり、また周りの理解が広がるなかで以前に比べてずいぶん生き易くなったといえるでしょうね」

C「今、少子化が心配されていますが、同性愛では子どもは生まれませんよね」

T「さっきも言ったように、同性愛が受け入れられるようになるということと少子化は関係ありません。子どもが生まれないという状況は、同性愛ではなく他の原因があって、生じてくる問題です。あなたの周りのご夫婦をちょっと考えてみてください。子どもを産まない夫婦や子どもが欲しくてもできない夫婦や、産めない状況の夫婦はいませんか？」

C「そういえば、親戚にそういう例は何組かあります」

T「少子化問題についてはまた、いろいろと勉強していきましょうね。ともかく、同性愛の存在を少子化と結びつけるのは、考え方として違うということですね。同性愛者は少数者であるというだけで、何かと苦労も多いのです。誰が誰を愛するかということの自由と人権の問題なのであって、同性愛者たちが少子化問題の責任を問われたりするということは全くの筋違いですね」

C「わかりました。私は同性愛について、理解があるほうだと思っていたのですが、まだまだですね。先生、私になにかできることはありますか？」

T「まだ良く理解できていない人はあなたばかりではないわ。こうやって性についてシッカリ学んで、人間の性のあり方は多様であると理解すること、そして同性愛など、その当事者がきちんと自分を認め、それをその周りの人たちが自然体で受け入れていくことができたらいいですね。そういう社会にするために、例えば性同一性障害者である上川あやさんとか、同性愛者である尾辻かな子さんのように、カミングアウトした当事者が政治の世界に出て行って、社会の意識を変えていこうとしている人もいるんですよ」

C「それは偉いですね。カミングアウトするだけでも勇気がいることなのに、その人たちは政治を変えるという根本的なことに挑んでいるんですね」

T「それによって当事者たちはずいぶん勇気をもらえるし、周り人たちの理解も深まっていくと思いますよ」

ポイント&アドバイス

●最近、同性愛の人たちがメディアの中で活動することが増え、理解が広まっているとはいえ、まだまだ差別や偏見も残ってるということをふまえる必要があります。さまざまな性のあり方があるということを、機会を捉えては人権という視点で話していくとよいと思います。

●カミングアウト…抑圧されている状態から抜け出すために、自分のセクシュアリティを肯定的に受け入れ、それを相手（社会）に表明し、新しい関係に創り変えていく過程を表した言葉。

（佐藤明子）

性同一性障害って何？

対象

キーワード

◎展開例

（保健室にて）

C「先生、『性同一性障害』の人のことをテレビドラマの中で、昔、見たことがあります」

T「ドラマで見て、初めて知ったのね。それはよいことだわ。少しでも多くの人が関心を持って、理解してくれるとよいと私は思います」

C「どうして、そういう人が生まれるんですか？」

T「それはね、赤ちゃん（胎児）が、お母さんのおなかの中で成長する時のことが関係していると言われています。小さな胎児の性腺（性器のおおもとになるところ）は、はじめは性腺原基といってみんな同じものを持っていたんです。その胎児がやがて女の子になっていくのか男の子になっていくのかという〝性器の決定〟は性染色体の働きによります。性染色体はＸ染色体とＹ染色体があって、どういう組み合わせであるかによって性器が決まります。今、詳しい説明をする時間がないのですが、つまり、X染色体さえあれば女性性器が作られ、Y染色体があれば、男性性器に変わっていくという仕組みです。

例えば、Y染色体を持っていたので、性腺原基が精巣に変わっていくということなのです。次に精巣からは男性ホルモンがたくさん分泌されて、内外の性器を男性化させます。この時期は妊娠8週目あたりでおこなわれて、これを〝性器の性分化〟といいます。実はそのあと、妊娠4～7ヵ月の間に脳も性分化されます。つまり、〝女性脳〟〝男性脳〟というふうに分化が進みます」

C「女性性器を持っていれば、普通、女性脳になっていくのでしょう?」

T「多くの場合はそうなのですが、何らかの要因(例えば流産防止のためにホルモン剤を多量に使った場合など)で、その男性ホルモンが作用して女性性器を持っているのに、男性脳を持つ場合も生じるのです」

C「からだの性と心の性が一致しないのですね」

T「さっき、あなたは〝普通〟という言葉を使いましたね。つい言ってしまう言葉なのですが、この場合、多数者と少数者の違いであって〝普通〟と〝異常〟の違いではないのですよ。つまり、女性性器を持って男性脳を持っている人は少数者であっても異常だとか病気だとかいう意味ではなく、〝普通〟の人間なのです」

C「でも、先生、性同一性障害といって、〝障害〟というから、なにかの病気なのかと思っていました」

T「なるほどね。この〝障害〟という言葉がなぜついているかということについてお話しますね。そういう人たちの中にはからだ(性器)の性を心(脳)の性とどうしても一致させたい(性別適合手術を受けたい)という人がいて、薬・注射・手術などの医療が必要な場合があります。今の日本の医療では〝障害〟という言葉をつけないとこれらの医療が受けられないという制度になっているので、便宜上〝障害〟という言葉がついているということです」
C「じゃあ、性同一性障害の人たちはみんな手術するんですか?」
T「なににおいても、個人差というものがありますね。その人たちの中にはどうしても手術を受けたいという人(トランスセクシュアル)と、からだはそのままでも、服装や言動で心の性を表していくことで満足する人(トランスジェンダー、トランスヴェスタイト)もいます。表現や生き方にはいろいろと個人差があるのですよ」
C「そうか。個人差か…。そういえば同じ女子でも、とても静かでおとなしい子もいるし、なんでもはっきりものを言って勇ましい女の子もいますね」
T「そういう意味で考えると、人間の性のあり方は、100人いれば100通りであると言うこともできるのですよ」

ポイント&アドバイス

●人間には男性と女性しかいないとか、思春期になると異性に関心を持つようになるという、男女二分法で異性愛のみを扱うような言い方は正しくはない。性の多様性について自然にしっかり把握させることが大切である。
●どういうセクシュアリティを持った人も、すべて人間として平等に人権を持った存在であることを理解させることも大切である。

(佐藤明子)

35 妊娠が心配な時は？

対象

キーワード

◎展開例

T「先日、養護教諭の研修会で『気持ち悪い』と相談に来る生徒の中に、妊娠していることに全く気づかない生徒が何人もいるという報告がありました。さて、みなさんは妊娠したかどうかわかる方法を知っていますか？」

C「妊娠検査薬を買ってきて、尿で調べる」

T「どのような時に検査薬を買いに行くのですか？」

C「月経が来ない時」

T「どのくらい来ない時？」

C「予定の月経が来ない時、彼とエッチした後に来る予定の月経が来なかったら心配」

C「私は月経が不順だからいつも心配している」

T「妊娠検査薬は、妊娠している女性の尿の中に出てくるホルモンを検出することで妊娠を判定するものです。このホルモンは、受精卵が子宮に着床し、妊娠が成立し、胎盤が形成され始めると尿の中に出てきます。尿での検査では早い場合で、月経から4週以降、月経が不順な人はもっと期間を置いた方がよいかもしれません。でも検査薬は結構値段も高いですよね。他に、妊娠かどうか心配な時調べる方法は知っていますか?」

C「基礎体温を測っているとわかるって聞いたことあるけど」

T「そう、みなさんの中で基礎体温を測ったことがある人いますか?」

C「私は毎日測る。『そろそろ排卵日かなとか、もうじき月経が来るかな』と予測がつくよ。高温が続くとイライラしたり、眠気がきたり、体温の変化と体調や気分との関係もわかってくるよ」

T「そうですね。ホルモンバランスがよい人は、体温を測っていると低温相と高温相に分かれます。だいたい3週間高温が続いたら妊娠の可能性があります。基礎体温を測り、高温が続いたら、お母さんや信頼できるおとなに相談したり、産婦人科医院を受診しましょう。

ところで、みなさんは妊娠の心配の前に避妊はしないのでしょうか? みなさんはまだ高校生、やりたいこともたくさんあるでしょう。遊びたいし、大学や専門学校などで自分の将来を見つけたい…そんな時に予期しない妊娠をしたら…人生変わってしまいます。みんなから祝福されて生まれてくる赤ちゃんであるためには、望まない妊娠はしないことです。その為にはどうしたらいいでしょうか?」

C「ゴム使えばいいーじゃん。コンドーム」

T「そうですね。コンドームは妊娠を避けるという効果とさらに性感染症を防ぐという二重の効果があります。では、何処で売っているでしょう?」

C「マツキヨ！コンビニにもあるよ」

T「そうですね。薬局やスーパー、コンビニにも置いてありますよね。値段も５００円～１０００円くらい。妊娠を心配して検査薬を買うよりずっと安いはずです。

他には経口避妊薬のピルもあります。避妊にはとても効果がありますが、性感染症には無力です。女性がピルを飲み、男性がコンドームを使うという方法がベターだと思います。ピルは処方薬ですから、産婦人科医院などを受診して処方してもらいます。妊娠したくないのなら、セックスをしない。もし、どうしてもしたいならば、必ず避妊をする。避妊ができないならセックスしないという強い意志を持つこと。そういうことをパートナーとしっかり話し合えるようになりましょう」

ポイント＆アドバイス

- ●生徒は性交経験に差があることを頭に入れて話す。性交体験に対して否定・肯定の言葉は避ける。
- ●基礎体温の測定について知らない生徒がいたら説明を補う。
- ●性感染症予防と避妊からコンドームの使用を強調したい。
- ●性交を伴う交際がさかんで、妊娠する可能性が高い女性には、確実な避妊法としてピルの選択肢があることを伝える。
- ●個別に相談があれば応じることを伝えておく。

（下山恵）

わたし妊娠したかも!? 先生どうしよう

対象

キーワード

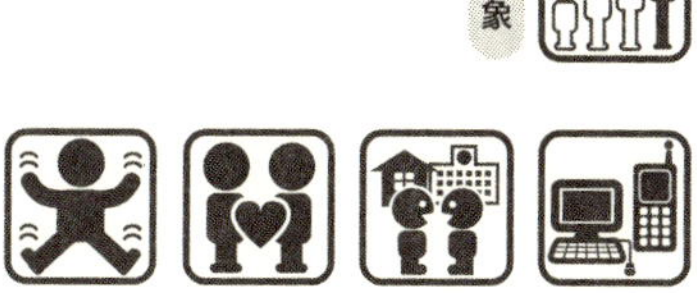

◎展開例

C「先生！ ちょっと相談があるんですけど…、 あの…、 妊娠したかどうかはどうしたらわかりますか」

T「妊娠の心配があるの?」

C「はい、付き合っている彼とそういう関係になったので、もしかしたらと思って…」

T「どのくらい月経が遅れているのかな?」

C「もう一ヵ月以上、遅れているんです…」

T「そうなの、心配だわね。彼にも相談したの?」

C「いいえ、まだ話していません」

T「そう、一人で悩んでいたのね。でも妊娠は二人の間の出来事なんだから彼も同じように悩んだり、考えなくてはおかしいよね。ところで、避妊はきちんとしてたの？」

C「途中からコンドームを使ってもらったんだけれど…失敗したかもしれない」

T「そうか、一ヵ月以上も月経が遅れているんだったら、妊娠の可能性が大きいわね。市販されている妊娠判定薬でも一応判定できるけれど、病院で診断してもらった方がいいと思う」

C「でも、どこの病院に行ったらよいか、それに一人で行くのは…」

T「病院は先生が紹介してあげるから、彼に付き添ってもらいなさい」

こんな私のアドバイスのもとに、彼女は病院で診断を受けた結果、やはり妊娠していた。診断を受けた時には、妊娠8週目だった。

C「彼はおろしてくれの一点張りだけど、中絶で赤ちゃんのいのちを奪うのはかわいそう…私も『16歳の母』のように赤ちゃんを産んで育てられたらいいなって思っている」

T「赤ちゃんを産むということはそんなに甘くないのよ。『16歳の母』の場合は、出産してからの人生設計を二人でよく話し合っての結論だった。産んでも育てていく条件が全くないのに一時の感情で出産したら、赤ちゃんもあなたも不幸になってしまう。でもその厳しさを覚悟の上で、それでも産みたいという意志が強いなら、彼を説得し、周りのおとなの支援をもとめること。支援してくれる医療機関や福祉機関にも相談できるわ。いずれにしても産む、産まないはあなたの大事な人生の選択なのだから、彼と一緒によーく考えようね。お母さんにも打ち明けよう。正直に話すことは勇気がいるかもしれないけれど、お母さんはあなたの力になってくれると思うわ」

ポイント&アドバイス

●私が性教育に取り組み始めたのは、担任クラスの生徒の妊娠がきっかけであった。その生徒との出会いを『16歳の母』(柘植書房新社)として出版したこともあり、女子中高校生から妊娠の相談を受けることがある。個々によってケースは異なるが、多くの女の子は妊娠したかどうかを誰にも話せずに一人で悩んでいる。まずは「よく話してくれたね」という声かけからはじめ、事情をじっくり聞き、最終的には本人が自己決定できる方向でアドバイスをしている。

●妊娠を「性非行」としてとらえ、非難する態度は絶対とらない。

●本当に妊娠しているかどうか、正確に検査することをすすめる。必要なら医療機関を紹介する。

●相手の彼にも対等な責任をとらせることは、本人の自立にもつながる。

●第一に本人から保護者へ打ち明けるように説得するが、家族関係に問題がある場合は、教師のサポートも必要になることがある。

●人工妊娠中絶を選択した場合、罪悪感を持たせないよう、時期を逸しないようにアドバイスする。

(原田瑠美子)

37 彼女が妊娠したかも？どうしよ？

対象

キーワード

◎**展開例①**

C夫「先生、どうなると妊娠なの？」

T「まずは予定の生理がないことだけど、どうしたの？」

C夫「うん、彼女が妊娠したかも、って、言うんだ、俺どうしよ！」

T「最終月経はいつだったの？」

C夫「最終月経ってなに？」

T「最後の月経のこと。今月その予定になっても、月経がこないから妊娠じゃないか？って思ったんじゃないの？違うの？」

C夫「いや、彼女がすっぱいものをたべたくてしょうがないから、これってやばいんじゃないかって…」

T「それだけで妊娠だというの？」
C夫「うん。生理だったら先週おわったっていってたけど…」

◎**展開例②**

A夫「彼女が二ヵ月生理がこないので、判定薬で調べたら陽性だった。妊娠確定だよ…」
T「どうするの？」
A夫「産むよ。できたら産もうと二人で話し合って別に避妊もしてなかったし…」
T「学校はどうするの？二人とも同じ高2だよね」
A夫「うん。彼女は学校やめて子どもを産んで育てる、俺も学校やめて、昼間のほかに夜も働く。でないと親子3人は食っていけない」
T「それ、親に相談した？彼女の両親にもこの話したの？」
A夫「これからだけど…どう話そうか？先生…」

ポイント&アドバイス

●「妊娠」の意味をまったくわからず、彼女の言葉だけでおろおろする「知識」しか持たない男子もいる。また、妊娠の知識はもっていても、妊娠・出産=子育て、妊娠=自分自身の高校生活中断、という人生のシミュレーションができない者が多い。

●性別に関わる偏見の強い男子ほど、中絶ではなく「産めば?」という言葉を「男らしさ」ととらえている場合があり、男らしさとは?の話し合いを必要とすることもある。

●産む・産まない、の選択は高校生であってももちろん二人の意思が大切である。しかし、選択をするためには、生き方・子育て・親になることなどの普段の学習・知識が必要なのである。

●「産む」ことを決め、子育てに取り組む、という意思が前向きであっても、出産のため進路中断する相手の気持ちに沿うことの大切さ・子育ての協力など、お互いの充分なコミュニケーションが大切であること。それには両親の助言や支援を受けいれていくこと。また家庭のほかに、社会的・福祉的な行政の支援や対策の窓口がある場所についても助言する。

(高橋裕子)

コンドームで失敗なぜ？

対象

キーワード

◎展開例

（高校生相手の授業の中で）

T「性交の時にコンドームを使うということは、人間ならではの行為だとは思いませんか？動物の交尾は、まず本能のみで行いますが、人間の性交という行為はそうではありませんね。それでも、実際には多分に理性よりも感情の方が優先する行為です。コンドームを使うということは、そこに理性を働かせるという点で、人間ならではの意識的な行為と言わなければなりません。

　コンドームは、性交の時に、避妊や性感染症予防のために使うものですね。０・０３㎜程度の薄いラテックスなどのゴムでできた袋で、男性のペニスにかぶせて性交することによって、お互いの粘膜同士が直接触れ合うことを防ぐので、粘膜を通して感染する性感染症を防ぎますし、射精された精液がコンドームの先に溜まることで、女性の体内に精子を進入させないで済むので、避妊ができるのです。ところが『コンドームを使ったのに妊娠した』という人がいます。どうしてそういうことが起こるのかを考えてみましょう。コンドームの正しい使い方を自分のものにしてほしいと思います」

C「コンドームの正しい使い方って、どんなことですか？」

T「まず、コンドームを買う時にはパッケージのデザインで選んだりすると思いますが、見なくてはいけないのは、使用期限なんです。使用期限の過ぎたものは、質が悪くなっている恐れがあるので、使用中に破れたりすることもあるからです。それから、財布などに入れてずっと持ち歩いていると、擦れたりして、破れやすくなっていることもありますよ。

次に、使い方です。先ず、パッケージを破り、コンドームをとり出す時に、爪を立てて、コンドームに傷をつけてしまうことがないように注意してくださいね。

それから、コンドームをペニスにかぶせるタイミングというものについて、誤解している人が少なくありません。性交の途中で、射精の直前に装着すればよいと思っている人はいませんか？

これは間違いです。大体これでは性感染症は予防できませんし、勃起したペニスの先から、射精の瞬間以前に少しですが精子が混ざった液が出ることがあり、それによっても妊娠する可能性があるのです。ペニスが勃起したらその時点でコンドームは装着するのです。その際にも、爪でコンドームに傷をつけるようなことがないようにしてください。

コンドームを装着する時、表と裏とをうっかり間違えてしまい、コンドームに精液がついてしまったことに気づかずに裏返して正しく使ったとしても、先ほどの説明のように、コンドームの表についてしまった精液がワギナの中に入るということもあるんですよ。

射精の後のコンドームの処理も大切です。射精後はペニスが元の形に戻っていきますので、コンドームが外れてしまうこともあります。ペニスの根元を抑えて、ワギナからきちんと抜きとることです」

C「いろいろな注意点があって、ずいぶん面倒なんですね」

T「慣れるとそんなに手間のかかることではありません。ちょっとした努力で、お互いの感染予防と、女性のからだを思いやる避妊ができるのですから、安心した楽しいセックスとなります。コンドームに熟練するためには、男性はマスターベーションの時に練習するというのもよい方法だと思いますよ。もっとも、感染や妊娠を避けるには、セックスをしないのが一番ですがね」

ポイント&アドバイス

●「性交には妊娠の可能性がある」ということを、しっかりとふまえさせることが大切です。間違った知識で避妊ができると思っている人たちが多くいることから、「膣外射精」、「行為後の洗浄」などでは避妊することはできないことを理解させましょう。

●コンドームを持参していることで、生徒指導の対象にしたり、叱ったりするのではなく、むしろ、予期せぬ妊娠を避け、女性のからだを大切にすることだと肯定して教えていきましょう。

（佐藤明子）

中絶のこと、どう考えたらいいですか

対象

キーワード

◎展開例

C「先生、中絶は人殺しじゃないのですか？」

T「誰かがそんな言い方をしていたの？」

C「そういうわけでもないけれど、おなかの中で生きている赤ちゃんを死なせてしまうことでしょ？」

T「うーん、そういう意味では、赤ちゃんにとても気の毒なことだと言えるわね。でも、どうして中絶（人工妊娠中絶）が法律で認められているかということから考えて見ましょうよ。母体保護法では一定の条件をつけて、現在、妊娠22週未満の場合、人工妊娠中絶手術が認められているのです。これは〝母体を保護するため〟ということですが、私は〝その女性の生き方を守るため〟というふうに考えたいと思います。

胎児のいのちも、母体のいのちも、同じように大切なものであり、尊重すべきものです。いろいろ条件があっても、妊娠を継続させ、出産・子育てとつなげていき、両方のいのちを守るよう努力されるべきです。しかし、どうしてもそれが無理だと判断されることもあるのです。充分考えた上でのギリギリの選択で、中絶を選ばなければならない場合もあるのです。簡単に考え、喜んでこの手術を受ける女性は一人もいません。この場合、〝人殺し〟というのではなく、母体であるその女性を支援するということだと思います」

C「そうか…、どうしてもという場合があるんですね。でも、中絶はからだに悪くはないのですか?」

T「手術の影響は大なり小なりあります。これを最小限にとどめるには、なるべく早くその手術を受けることが大切なのです。できれば妊娠12週未満に行うほうがよいでしょう。この妊娠12週というのは、妊娠が起こる前の月経(最終月経)の始まった日から数えます。受精した日からでも着床した日からでもありません。セックスがあった日から数えるのでもありません。ですから、受診して妊娠と診断された時には、すでに8~9週となっていることがあります。自分で妊娠に気がつかなかったり、妊娠したかなと思ってもちょっとぐずぐず考えていたりすると、12週が過ぎてしまうということもあります。

女性は自分のからだの状態を自分できちんと捉えておくことが重要です。生理日を記録しておくことなどは基本なのですが、皆さんは記録していますか?」

C「私は手帳に記録しています」

C「えっ?私は全然やってない!」

T「これからでもいいので、記録する習慣をつけておくといいですね。自分のからだのことは自分で把握しておいてくださいね」

C「でもやはり、中絶はしたくないなあ」

T「中絶後に、ひどく自分を責めて、悩んでしまう女性もいます。どうしてもそれしかないとして選んだことですので、その後はその経験をバネにして、以後、そういうことにならないように考え、行動していくという前向きな姿勢を持っていってほしいと思います。そして、男性も女性のからだや心をよく理解し、思いやるという本当の優しさをもってくれたらと望みます。

すべての女性が『中絶』を経験しなくてもよい人生を送れることは理想です。そのためには、望まぬ妊娠を避けるという『避妊』をきちんと理解し、体得することです。性交には絶えず妊娠の可能性が潜んでいることをしっかり意識させましょう」

ポイント&アドバイス

- まず、中絶に至らないための知識と行動が大切なことや、中絶は気軽に行うことではないということはいうまでもありません。まして、男性及び周囲の者ががそれを強要するというものでもありません。
- その次に、「人工妊娠中絶」しか選択肢がない場合という状況もあり得るということを、理解させましょう。また、その場合、女性の心身への影響の大きさを考えるとともに、それによる傷から立ち直る力を持たせる必要があります。

（佐藤明子）

40 ピル…飲んでいいの？いけないの？

◎**展開例**

（「避妊」の授業の中で）

C「いろいろな避妊法の表をみていてコンドームって結構失敗率が高いことに驚きました」

T「そうだね。ただつければいいんじゃなくて、つけ方についてもキチンと学んで実際に実行しないとね。コンドームが駄目なんじゃなくて使い方が間違っていることから生ずる失敗だから」

C「それに比べるとピルはずっと確実なのに、使う人はとても少ない。やっぱり副作用が原因ですか？」

T「昔まだ日本で認められていなかった頃、月経に関するトラブルの治療薬であったピルを避妊目的に使う人がいたんです。その頃はホルモンの容量が多いピルだったので副作用が問題にされた、その時のイメージが強く意識に残って〈ピル＝副作用〉と思う人が結構いるんだと思います」

C「じゃあ、副作用はないんですか？」

T「そんなことはありません。薬に副作用はつきものです。でも、いま認可されたピルはホルモンの量がずっとずっと少なくなったし、自分で勝手に飲むのではなく医師の診断のもとで使うわけですから昔のように考えることはないと言われていますよ」

C「だったら外国のようにもっと使う人が増えてもいいのに、なにかピルっていけないもののように思っているところがある気がする」

T「あのねぇ、避妊薬としてピルが認められたのは世界の国々、国連に加盟している国の中で日本は一番遅かったのよ。その理由として副作用について慎重だったことと、もう一つこれは特に男の人の意識の中に女の人が自分の意思だけで避妊できるようになることをきらう考えが根強くあったと言われているのよ」

C「ひどいですね。妊娠するのは女性なんだから、その女性の意志こそ大切にされて当り前だと思います」

T「そうよね。それから使う人が欧米のように増えない理由には値段が高いこともあげられます。欧米では無料で使える国や健康保険で安く手に入る国があるなど、むしろ使いやすくしているんですね。予期しない妊娠は女性にとって重大な健康問題だという考え方をしているからです」

C「ずいぶん日本と違うんですね。あ、それから友だちが修学旅行中に月経にならないように病院で薬をもらったと言っていましたがひょっとしてあれもピル？ですか」

T「多分そうです。今度もう少しくわしく授業しますが、ピルというのはホルモン剤で、医者の指導のもとで月経になる日をずらすために使うことも可能です。実際にピルを使っている人の中には避妊目的ではなく、経血の量を減らしたり月経痛を軽くする目的で使う人も随分いますよ。そういうことはピルの副効用とも言えるのです」

C「あーそうなんだ」

T「女性が長い人生を生きる中で、いつ妊娠するか自分で決められたり、健康のために利用するなどいろいろ考えられますね。とはいえピルには副作用はあるし、毎日欠かさず飲まなければならない、そして値段も安くないなど問題もあります。ですからよい悪いと安易に決めつけるのでなく、しっかり学びよく考えて自分で判断できる力をつけていってください」

ポイント&アドバイス

- 妊娠や避妊をセックスのあり方としてだけではなく、女性の健康問題としてとらえている国があることに気づかせる。
- ピルを使うことによる副作用および副効用などをまず科学的に理解するよう方向づける。
- 自分の人生における重要な問題として意思決定することの大切さを強調する。

（村瀬幸浩）

41

恋愛ってどんな関係？

対象

キーワード

◎展開例

T「みなさん、テレビや新聞で知っていると思うけど、東京都M市で都立高校の女子生徒が殺され、同じ高校に通う男子生徒が逮捕されるという事件がありましたね。新聞からの情報ですと、『高校入学後に女子生徒に無視されていると思い、自分はなにも悪いことをしていないのに、腹が立って憎たらしくなった』と殺害の動機を話しているとのことです。みなさんは、この男子生徒の気持ちをどう思いますか？」

C「勝手すぎる」「気持ちはわかるけど、殺すなんて」「無視されるとやっぱりむかついちゃう」などの発言。いろいろな意見を受けて、問題提起へ。

T「この高校生の立場になったとしたら、みんなだったら、どうする？」

C「やっぱり本当に好きなら、相手を大切に考えるけど……」

T「相手を大切にするって、どんなことかなあ？」

T「反対に一番傷つくことって、どんなことなのかなあ？」

C「二股かけられた時」「無視された時」……「本当に好きなのに裏切られた時」「本当に付き合っ
ていると思っていたのにウソを言われた時」

T「じゃホンモノの恋愛って、どんな関係をいうんだろうね。生きがいを共有できるというのも一
ついえるかな。どうだろう」

C「先生はどんな恋愛をしてきたんですか？」

T「ちょっと恥ずかしいけど言っちゃうとね、ある本のなかで語られる〝恋愛って、見つめ合う関
係じゃなくて、同じ方向を見つめている関係なんだね〟という言葉があって、そんな恋愛ができ
たらなあと思ってきたんだよ」

C「先生はそんな恋愛はできたんですか？」

T「う〜ん、大学生の時に付き合っていた彼女とは、ボランティアサークルで一緒に活動をしなが
ら、いろいろと話し合ったことがあったなぁ。公園のベンチで徹夜で語り合ったこともよく覚え
てるよ」（C「なにもしなかったの〜」）

T「でも恋愛って、そう願っているようには発展していかないいんだよね。うまくいかない時にどん
な態度をとれるかが問われているんだよ。片思いで、相手が振り向いてくれなかったらどうす
る？」

C「ストーカーになるやつもいる！」「絶対にあきらめない！」「必ず振り向かせる！」「早めにター
ゲットを切り替える」（笑）

T「そう、いろいろな努力が考えられるね。でも、その時にこれだけは守るべき恋愛のルールがあ

ると思う。それは相手がいやがっていたら、無理強いしないということ。相手の意志を尊重するということだね。あきらめきれないしカッコ悪いけど、どうしようもないことがあるということを知るのも、青春の苦さっていうもんかな。先生の恋愛なんか、苦さのかたまりみたいなもんだ。それだからすてきな人とめぐり合った時はホントに〝あま～い！〟のさ！

セックスをしたいと自分が思っても、相手の意思が大切だし、避妊もできないようなセックスは恋愛テストでいえば、落第だな。恋愛のゆくえは、①自分の人生を大切にできること、②相手のことを思いやれるちからがあること、③ふたりが目標をもって、励まし合っていることなど、ふたりのパートナーシップにかかっているのではないだろうか。どうぞ、二人で話し合ってみてください」

ポイント&アドバイス

●あるべき論を押しつけないで、テレビの番組などをとりあげて、フランクに語りたいものです。
●恋愛には異性関係だけではないことも一言加えておきましょう。
●詩や俳句、文学の恋愛作品を読みあげたり、印刷して配るのもいいですね。
●自分の経験をちょっと盛り込むと親近感のわく話になるかもしれませんが、体験談に終わらないようにしましょう。

（浅井春夫）

先生、ハードゲイってなに?

◎展開例

授業中の一コマ（教諭の板書中にヒソヒソとふざけあっている生徒が数名いる）

C（友だちに向かって）「おまえオカマかよ?!」

C「うるせーな!」

T「あれ、今だれか『オカマ』って言った?〈冷めた口調で。ところどころから苦笑が上がる〉『オカマ』って、どんな人のこと?」

〈きょとんとする生徒や、『オカマ』のイメージを頭に浮かべているのだがいざ言おうとするとうまく言い表せない表情の生徒が多い〉

T「『オカマ』〈板書する〉オカマって、人を傷つけてしまうこともある言葉だから、とりあえず今だけ使いますよ、って意味でちょんちょんってつけとこうか。〈オカマに〝〟をつける〉さて、〝オカマ〟って、どんな感じの人?イメージとか、なんでもいいんだけど…」

C「女装？」

T「女装〈板書する〉」

C「とっちゃった人！〈教室のところどころから笑いが上がる〉」

T「なにを!?〈教室のところどころから笑いが上がる。〉…そうですね、男性器を手術でとる人もいるね。そういう人のことを、何て言う？」

C「性同一性障害」

T「性同一性障害〈板書する〉性同一性障害の芸能人とかいなかったっけ？」

C「こないだカルーセル麻紀がテレビ出てたヨ。『トルまでにおばさんになっちゃったわ』だって（笑）」

T「そうなんだ！　えっと、心で『自分は女だ』って思うのに男のからだで生まれてきた人なんかを性同一性障害って言うよね。心の性とからだの性についての同一性に差し障りがあるって意味ね。で、心の性別に合わせる、ってゆーか、本来の自分に戻るために、手術をして性別を変える人がいるんだよね。あと、手術まではしなくても、『女装』したりとか…。そうすることで本来の自分に戻れた気がするんですね。いろいろしんどいことも多いみたいだから、みんなの友だちに性同一性障害の人がいたら応援してあげてね」

C「先生、ハードゲイは（笑）？」

T「ハードゲイって、本来は硬派のゲイのことだけど、レイザーラモンHGのことだったら、あの人はゲイじゃなくて、ネタでやってるだけだから、ハードゲイの人たちみんながあんなふうだと思わないほうがいいんじゃない？　ゲイといえば、05年にカナダで同性同士の結婚が認められたらしいよ」

ポイント&アドバイス

●「オカマ」に関することは、教室で話題にし得る課題なのだという姿勢で臨む（ただし、「オカマ」という言葉は侮蔑語でもある点に注意が必要）。

●当事者の生徒や、「オカマ」と呼ばれていじめられている生徒がいるかもしれないという前提を持ち、その場合にはしっかりケアできるように細心の注意を払って臨む。

●生徒の持つ「オカマ」に関する情報を受けとめ、共有し味わいつつ、同性愛者・半陰陽者・性同一性障害者などへの肯定的態度を直接・間接に示す。

●一度に体系的な知識を提供することを目指すというよりは、折々にこの話題に触れながら、「みんなの中に性的マイノリティがいたら応援するよ！」という姿勢を一貫して示す。

（小宮明彦）

43 セックスって愛の証し？

対象

キーワード

◎展開例

T「前に勤めていた高校で妊娠した生徒がいて、そのことでどうするか呼んで話したんです。その時に〝どうして出会って一ヵ月もしないうちにセックスに応じたの？〟って聞いたら〝愛してる〟って彼に言われ〝愛してるからセックスさせてくれ〟と言われたからと答えたんです、彼女が。で、〝君自身はセックスしたいって思ったの？〟ってたずねたら〝あまりよくわからないけど、彼に言われて断わっちゃ悪いなと思って。だって、セックスって愛の証しでしょ？〟って言ったんです。どう思いますか？

よく聞くんだよね、セックス＝愛の証し、という言葉。その彼の気持を少し分析してみると〝愛してる〟というのは、本来〝相手の女性のことを大切にしたい〟気持だよね。ところが〝セックスしたい〟気持というのは自分の願望、欲望でしょ。重なっていないんだよね、愛とセックスが。こんなふうに言うと〝先生、それは男だからでしょ、男の人は愛とセックスを分けて考えたりできるけど女は違います〟という声が返ってきます。本当に女性は違いますか?

例えば売春する女性、近ごろセックスワーカーと言う人もいますが、そういう女性は相手の人に愛情を感じているでしょうか、あるいは援助交際での性行為に愛情は欠かせませんか?そもそも愛情ってなに?という問題がありますが、少くとも〝相手の人をとても大切に思う気持〟という程度に解釈したとして、そんな気はなくてもセックスできるでしょう、女性も。だから愛がなければセックスできないとか、セックスすることが愛の証しとか、セックスしなければ愛しているとはいえないという考え方は疑ってかかってみる必要があるんじゃないでしょうか。

つまり愛がなくてもセックスはできる、男も女も。けれどもそれはお互いにとって本当にたのしくて充実したものとは言えないだろうということです。セックスをするとすればそこに愛があるのが望ましい、こう考えていいでしょう。じゃあ愛があるとはどういうことか。さっき言ったように〝相手の人をこの上なく大切にしたい気持〟と考えてみるとその相手がどんな人なのかよくわかっている、その人の生き方とか暮らしとか人生観とか、一緒にいると楽しいとか安心できるとか、――だってセックスというのは自分のプライバシーをさらしたりいのちをあずけるような行為ですからね。それからセックスに伴いがちなトラブル――予期しない妊娠とか病気のこととか――について取り組むことができないと不幸を招くからね。お互いに愛という言葉はとても美しいし、魅力的だけれど雲をつかむような言葉でもあります。だから〝愛してる〟と言われるとつい何でも受け入れなきゃいけないと思ったりしがちです。でもそれを〝この上なく大切にしたい気持〟に置きかえてみると本当に愛しているのか、愛されているのか、大切にされているのかがすこし見えてくるかもしれません。

お互いに人生やいのちや健康を大切にしあえているかどうか。〝いる〟という確信が持てないうちのセックスは新しい不安や悩みの種になるかもしれません。セックスと愛、しっかり考えてみたいですね」

ポイント&アドバイス

- 最後に「しっかり考えてみたいですね」と書いたように断定的にでなく課題を投げかけられるように話をもっていくのが望ましい。
- 教師の意見も含め、いろいろな考えがあることに気づかせる。

（村瀬幸浩）

44 マスターベーション、やめられなくて…

対象

キーワード

◎展開例

（中学生の電話相談）

相談員「君はやめられないことを悩んでいるのだけれどマスターベーションをしてはいけないと思ってるの？」

中学生「しすぎるのは良くないって言われたものですから」

相談員「誰に言われた？ 先生？ いま先生で〝しすぎるな〟なんて言う人いないでしょ。なにか雑誌で読んだの？」

中学生「いや言われた気がするんですけど」

相談員「そうか、でもしすぎってどの位の回数だと言ってた？ 毎日？ 一日に2回も3回もしていることと？」

中学生「いや具体的に何回ってことは言わなかった」

相談員「はっきり言われないと困っちゃうんだよね。一週間5回までとか一日おきならいいとか。ま、これは冗談だけど。……あのね。しすぎってことないんだよ」
中学生「えっ！そうですか」
相談員「性的な刺激にからだが反応して気持よいのであれば回数なんて気にしなくていいんだよ」
中学生「本当ですか！」
相談員「君はやめられないことを悩んでいた、ということはマスターベーションを悪いことだと思っていたのかな」
中学生「いいえ、そういうわけでもないんですけど」
相談員「そうならいいけどね。回数が少なければいいが多すぎるのは……と悩むこと自身悪いことだと思ってるからじゃないかなと想像したから聞いてみたの」
中学生「…」
相談員「あのねぇ、中学生や高校生のころ、おとなに向かってグングン成長するころ、性の欲求も強くなるのは一般的にいって当然のことだし、健康に育ってる証明でもあるんだよ。もちろんみんな同じじゃなくて欲求をあまり感じないとか全然ないなんていう人がいることも確かだけどね。

でそういう欲求が湧いてきたらどうするかというと①我慢する、②ほかごとをして紛らす—例えば、スポーツとか趣味や好きなことをしたりしてね、③マスターベーションで解消する、④相手の人がいればその人と合意の上でセックスして解消する、この四つが選択肢として考えられる。ただ四つ目についていえば中学生や高校生ではまだ早いと考えるべきだろうね。予期しない妊娠のことや病気のこと、それに相手の人の人生に深くかかわっていくことだからね、セックスは。まあおとなになってからが安心だと思うよ。とすると中学生だとしたらまず最初の三つから選ぶことになるだろうね。つまり我慢するとかほかのことで紛らすことで結構だけれど無理にそうするんじゃなくてマスターベーションで欲求を解消しホッとするのもOKということです。そうやって〝気持よかった〟〝ホッとした〟と思うことはからだや心にも健康なことと考えていいのです。それは君が中学生だから、結婚していないから、相手がいないからではなくて結婚していても相手がいても自分だけの性的な欲求は自分で解消する、手なずけることは大切なことなんです。欲求が高まったからといってその解消のために相手を利用することは虐待行為とか犯罪になるからね。これからもマスターベーションとはうまくつき合ってください」

ポイント&アドバイス

- 「マスターベーション」は直訳すると「手で汚す、手を汚す」という意味であるように、長い間「悪いこと」「してはならないこと」のように考えられてきたことを知らせる。
- 今日では、そうした考えは基本的に克服否定され「セルフプレジャー」「シングルラブ」というようになってきていることも伝える。
- つまり否定的に考えることは全くなく、むしろ肯定してよいのだが、実際に行う場合は、時と場所と状況など、エチケットやマナーを守ることは不可欠であることを理解させる。

（村瀬幸浩）

45 男と女では、性欲の違いがあるの？

対象

キーワード

◎展開例

（高校の授業―質問にこたえて）

T「この前〝性〟について知りたいことのアンケートをとったら男女ともベスト3の中に〝異性の性心理と関心や欲求の違い〟が入っていました。自分だって若い頃そうだったなあと思いながら、そして誰もそんなこと教えたり話したりしてくれなかったなぁなどと考えていました。

で、いまこの質問について答える前提として、男も女もその心理や欲求は一人ひとりさまざまに違っていて男はこう、女はこうと決まりきったものではないとまず考えてほしいのです。

つまりこれから話すことは〝一般的な傾向として〟ということなのです。

例えばエッチな本やビデオを読んだり見たりする人の割合は男女の間に大きな違いがあります。ここでいう〝エッチ〟とは〝性行為〟のことで男性の性的関心が性行為そのものに向けられる傾向があることがわかります。またマスターベーション（自慰行為、ひとりエッチ）をしている人の率も回数も男性が女性を圧倒しています。

さらに性犯罪である強姦や強制わいせつ行為、それからお金で性的サービスを買う買春行為も男性によるのがほとんどです。このように男性の性的関心や欲求は性行為による生理的な快感を直接求めるという形をとりやすいといえそうです。

それに対して女性の場合は直接的な性行為というよりはお喋りしたり触れあったりというようなコミュニケーション欲求が強い傾向があります。そして互いに理解を深めあうことで一体感や安心感など主として心理的な快感を求めていると言えそうです。

もっとも「生理」と「心理」とは密接に絡み合っていて切り分けることなどできませんが、ものごとを分析的に理解するために生理的な快感と心理的快感に分けて考えてみたらどうかと思ったのです。

ただ本来男と女はそうなのかというと絶対にそうだとは言えないところがあります。歴史の中でそのようにつくられてきたという面が確実にあると思われるからです。男は、女はこうあるべきだという文化の中で人間は育つのですから。重要なことは〝そのように育てられてきた〟のであれば〝変えること、変わることもできる〟と考えられるということです。

それからもう一つ、男性の性的欲求が直接的な性行為につながりやすいものであったとしても〝実際にどうするか〟〝こうするか〟を決めるのはその人の人生観、人間観、セックス観によるのであって本能的に、自然に性行為をしているわけではありません。その人の意志によって行動を選択し、決定しているのです。ですから自分の行動については自分で責任をとらなければなりません し、自分で責任をとれるという自信を持ってほしいものです。つまり欲求と行動とは切り離すことができるということですね。

このことは女性の場合にも同じように言うことができます。女性の性的欲求が男性とくい違っていると感じた場合そのことを率直に伝えることが大切です。率直に伝えることによって相手の行動を変えることができるのです。

これはあくまで一般的に、ということであって実際はもっと複雑です。しかし自分の欲求にしっかりと目を向け、違いを理解し合うことはトラブルを避けてよりよい関係づくりをしていくために欠かせない努力です」

ポイント&アドバイス

●男女の違いとはいえ、男も女もそれぞれ個性的であることを重視させる。その意味で性差と個人差の両面から違いを考えさせたい。

●性差があるとはいえ、想像力をはたらかせ、コミュニケーションを深めることで、お互いにわかり合えるという方向性を持たせる。

●男女のよい関係は両者の努力によって、つくり育てていくものとして考えさせたい。

（村瀬幸浩）

レイプは女性にも責任がある？

◎**展開例**

（高校の授業で）

T「今日はレイプについて考えてみましょう。もし、あなたが不幸にもレイプに遭ってしまったとしたら、あなたはどうするでしょうね」

C1「誰にも言えないと思う。恥ずかしいことだから。自分にもなにか責任があるような気がしてしまうから」

C2「お母さんにだけは話すと思う。相談に乗ってもらう」

C3「私は断然許せない。訴えてやる！」

T「いろいろな考え方があるんですね。レイプの被害女性は、なかなか人に相談できないという傾向があります。勇気を持って話しても、『その時の服装、化粧、態度はどうだったのか、心にスキはなかったのか、挑発するような言動はなかったのか？』などと聞かれることがあり、自分にも責任があったのではないかと思ってしまうことがあります。また、その時の様子を細かく聞きただされることで、思い出すのも嫌で恐ろしいことを口にしなければなりません。それをセカンドレイプと言い、二度もレイプされたような気がしてしまい、その屈辱に耐えるのは大変苦しいことなので、話せないと思ってしまうのですね」

C3「それで、事件が泣き寝入りになってしまうことが多いんですね。やはり、許せない」

T「レイプのほとんどは加害者が男性で、被害者が女性たちです。レイプは性行為を暴力的に強制的に行う犯罪行為なんです。レイプの犯罪は『親告罪』といって被害者が訴えなければ処罰することはできません。この犯罪の特徴として、被害者が訴えることに抵抗を感じてなかなか訴えないので、このような犯罪が後を絶たないのです」

C1「加害者には男性が圧倒的に多いのはどうしてですか？」

T「概して、女性と比べて男性には〝攻撃性〟が強い傾向にあるということが言えます。しかし、それが現実の行動として表すか表さないかは、その人の生育歴や学習、今までの人間関係のあり方が左右しているように思われます。そこに、女性に対する強い差別・侮蔑意識が育っていたり、コンプレックスが根底に存在する場合に、強い腕力にものを言わせて暴力をふるい、或いは凶器をちらつかせて脅しながら、女性を征服したいという欲求と性欲とをぶつけて、レイプという犯罪を犯す人がいるのですね」

C2「被害に遭いそうになった時、どうすればいいのですか？」

T「まず大声をあげて相手をひるませたり、周囲の助けを呼ぶことが大切です。それも、おなかの底から激しい調子の声を出し、口汚い言葉を使ってもよいのです。実際、私の経験では、とっさに大声で〝バカー!〟と怒鳴ったことがあります」

C1「でも、どうしても負けてしまった時にはどうしたらよいのでしょうか?」

T「いのちの危険を感じたら、抵抗することがマイナスになることもあるので考えものです。万一、被害に遭ってしまったら、勇気を持って信頼できるおとなにその事実を話してください。悪いのは100%加害者です。被害者にはなにの罪も責任もないということをしっかり踏まえてください。そして、訴えることができるといいですね。勇気をもって行動を起こすことにより、犯罪の抑止につなげていくことにもなるのです。具体的な被害の実態を証明するためでもありますが、病気の感染や怪我をしている場合もありますのでその治療と、妊娠の危険についても考えねばなりません。急いで受診することが大切です。その場合、72時間以内であれば緊急避妊のための薬を飲む方法もあります。ともかく、できるだけ早く、信頼できるおとなに相談することを忘れないでください」

ポイント&アドバイス

●レイプは犯罪行為であり、加害者が100%悪いのだということを、しっかりふまえてください(身だしなみや言動について注意したいことがあったら、それは別の機会にエチケットとして教えていくことが必要です)。

●話を聞く時には被害者本人の心身の痛みをきちんと受けとめ、さらに傷を深めるような言い方にならないように注意します。

●なるべく早く必要な受診ができるように促すことも大切です。

(佐藤明子)

47 「女性専用車両」のこと、どう思いますか

対象

キーワード

◎展開例

（学級活動の時の話題として）

C「先生、先生は女性専用車両のこと、どう思いますか」

T「どう思うかって？　どうして僕に聞くの？」

C「私たち友だち同士で話をすると意見がわかれるんです。賛成と反対と。男の先生はどんな意見なのかな、聞いてみたくて」

T「僕も知りたいな、君たちの意見を。賛成の人はどんな理由？」

C「賛成の理由はやっぱり女性だけの車両だと安心して乗っていられるから。だって痴漢された経験のある子、多いんですよ。半分以上っていってもいいくらい」

T「じゃあ、反対の理由は？」

C「問題があるから別にすればいいっていうのはおかしいし、専用車両以外の車両に益々男性が増えるし……」

T「専用車両が導入されて1年たったころで乗客へのアンケート結果が、ある駅の改札口近くに貼ってあったので見てみたら賛成は女性が80％近く、男性も70％少しあったよ。大体受け入れられているみたいだ。ただね、僕の友だちで大学の先生がいてね、留学生にたずねてみたんだって、専用車両のこと。そうしたらどこの国にもなかったと言ってたよ。だから、というわけじゃないが変な対策方法ではあると思う」

C「でも本当にひどいんですよ、スカート切られたり、精液をかけられたりした子だって一人や二人じゃない」

T「生徒指導部の方から報告があるから大体知っているけど。ほとんど毎日あるからね」

C「もっ時びしく取り締まったらいいと思うんです。大体罪が軽すぎると思います」

T「ただね、この前、痴漢冤罪を扱った映画を観たんだけど――」

C「なんですか、それ。冤罪って」

T「やっていないのにやったことにされて人生や家族や仕事が目茶苦茶にされる、無実の罪でね。そういうことも実際に起きている」

C「本当に無実なんですか？」

T「痴漢って周りにわからないようにしてやるでしょ。だからはっきりと目撃者がいないことが多いし誰が本当にやったのか加害者を特定しにくいケースがあるんだよね。被害者ははっきりしていても」

C「そういうこともあるかもしれないけど女の子だって訴えるのにはすごい勇気がいるし、嘘で〝この人だ〟というわけない」

T「いや女の子が嘘を言うってことでなくて、ほらすごい混雑でしょ、満員電車で。だから女の子が絶対に間違わないとはいえないと思うよ」

C「大体、満員電車がいけないんですよ。あんなにギューギューとからだを押しつけ合って、それだけで気分悪いし。よその国ではこんなことないんでしょ」

T「それが一番の問題だよね。それから男子に対する教育だね。痴漢が犯罪だということと被害者がどんなにつらくてくやしい思いをするのか、男にはエッチなことかもしれないが被害者にとっては人格を深く傷つけられる虐待なんだということ。それからさっきの映画を観て思ったのは警察や裁判官は被疑者をすぐに犯人と決めつけないで丁寧な調査をしないと犯人をつくってしまうことになる、こわいことだね」

C「じゃあ、先生も女性車両は必要だという意見なんですね」

T「ウーン……」

ポイント&アドバイス

●この問題だけでなく、世の中にあるさまざまな事象、例えば「出会い系サイト」「ネット犯罪」「性産業・性情報」などについて話し合わせることで人の考えに触れたり、交流し自己の見解が豊かになる体験をさせたい。

●その意味において白黒つけるというよりは、いろいろな考え方が成り立つことに気づかせるのが望ましい。そうすることを通じて自己の判断力をつけさせたい。

（村瀬幸浩）

48 さわってもいいの？

対象

キーワード

◎**展開例**

ある中学校の障害児学級。1年生から3年生まで14、15人のクラス。もちろん女の子も男の子もいます。休み時間はそれぞれワイワイと賑やかです。

突然、「こいつ、勃起してるー」という声が聞こえました。3年生のA夫です。見ると椅子に座っているB君をとり囲んで何人かの男の子たちが騒いでいます。1年生の自閉症のB君が何気なくペニスを触わっているうちに、だんだん大きくなってどうやら勃起してしまったようです。それを目ざとく見つけてA夫が叫んだのです。

女子はなにのことかよくわからない様子で少し遠巻きにしています。

とり囲む男の子の中に教諭が分け入って、困惑しているB君の肩に手を置いて話します。

T「みなさーん、男の子の性器が大きくなってペニスが立ってくることを勃起と言います。男の子はね、性器を触わっていると大きくなりますね。性器を触わってもよいのです」

A「えーっ、触わってもいいんですか?」
T「そうよ、あなたのからだはあなたのもの、どこを触わってもよいのです」
A「本当に触わってもいいんですか?」
T「ええ触わってもよいのよ。A夫は触らないの?」
A「でも、小学校の先生は触わってはいけないって言ったよ」
T「あなたのからだはあなたのもの、どこを触わってもよいのですよ」
A「じゃあ女の子は? 女の子もあそこ触わっていいの?」
T「そうよ。女の子の性器はあそこと言わないで、おちょんちょんと言いましょう」
A「へーっ、女の子はおちょんちょんっていうんだ」
C子「先生、でも、お母さんがそこは触ってはいけないって、言ってたよ」
T「その子のからだは、その子のもの。どこを触ってもよいのです。だって男の子も女の子も性器はきちんと洗うでしょう。その時はちゃんと触って洗うでしょう。男の子はおしっこをする時しっかりおちんちんを持つよね。だから触って当たり前です。でも人の性器を触ってはいけません」
A「それは犯罪でしょう」
T「そういうわけで、人の性器は触ってはいけませんが自分の性器は触ってもよいのです。男の子は触っていると性器が大きくなって勃起してしまうからあんまり教室では触らない方がいいと思います。B君、もう大丈夫かな?」

ポイント&アドバイス

●思春期まっただ中の障害児教育の場は、つい無意識な性器いじりや自慰行為が見られますが教師はそうした行為を否定するのではなく、大らかに女子にも男子にも、お互いに理解し合えるように話してあげることが必要です。

●障害も様々、発達段階も様々、性についての指導もさまざまな子どもたち。特に性器いじりなどは叱られ、触る手を叩かれてきたために性器を触ることすらできなくなっている子がいます。幼児の時には性器をきちんと握って排尿をすること、思春期には包皮をむいて洗うことができるようにならないと、なかなか自慰ができるようになりません。自慰ができなくて苦しむ障害者はたくさんいます。思春期には「性器は触ってよいこと」をきちんと伝えたいものです。また学校の入浴指導で「性器を上手に洗う力」も教えましょう。こうしてなにの屈託もなく自分の性器に向かい合える「からだの主人公」に育てることが必要です。

（永野佑子）

49 先生、アレやってる？

対象  障害児

キーワード 

◎展開例

中学校の障害児学級にはかなり知的に高い子どもたちが学習しています。中には、生いたちでつらい経験をしてきた子もいます。子育てがうまくできない親から離れて、幼少時から養護施設に暮らしている子は、自分が親から愛されていない実感から、必然的に性に強い関心を持っています。ですから性について話せる学級はどんなにか彼らにとって安心であり、嬉しいことでしょう。

給食の時間は4、5人の班で食べるのですが、子どもたちがそれぞれ教師を班に呼び入れて食べます。性について色々話したいK子は他の子の希望を無視して「ね、よいでしょ、よいでしょ」とごり押しをして私を班に招き入れます。

そこで「先生、赤ちゃんて、おなかの中に九ヵ月もいるんだね。すごいよね、九ヵ月も…」などと感に堪えないように話をしますが、私はウンウンとうなずいて聞いていることが多いのです。

ある日のことです。K子がパンを口に入れながら、何気ないようなそれでいて思い切ったように、

「先生アレやってる?」と聞きました。かなり核心に触れることであることは本人も自覚していますので彼女は首を傾けて媚びたように笑っています。しかし笑った目はそらさずきちんと私を見つめているのです。

私も目玉をギョロギョロとさせながら、「それは面白い話だ…」という気持ちをバッチリ込めて、

T「K子ちゃん、あれってセックスのことでしょう。もちろんやっているよ。先生は3人子どもがいるからね。セックスをしているよ」

と、答えました。子どもがいるということはセックスの結果であるという紛れもない事実と、恥ずかしいことではないということを、きちんと伝えたいと思いました。

K子「じゃあD先生は?」

ウーンそう来たか?相手もなかなか手強い!D先生は新採1年目の若い女性の先生で、もちろん独身です。

T「さあどうかな、D先生にはK子ちゃんが自分で聞きなさい」

K子「フーン」

こうした問に対する答えどころはなかなか微妙なところですが、彼女が求めているのは聞いている内容もさることながら、自分の質問にきちんと先生が答えてくれるかという人間の信頼関係なのです。先生がきちんと答えてくれることで自分が愛されていることが実感され、自分に対する肯定感が育つのです。ですからK子さんはもう十分に納得で、D先生には聞きには行きませんでした。

生いたちの中で、虐待などのつらい経験をしてきた子は学級で弱い者いじめや暴力をふるって他の子から怖がられたり、教師にしてみると手に負えない子であったりしますが、こんな話をしてい

るうちにいつの間にか優しい子に変わっていくのです。

ポイント&アドバイス

●障害児の言葉に驚かされることはたくさんありますが、どれも精一杯「人生ってなあに?」「私は生きるに価値ある人間なの?」という切実な問いかけが込められているものです。

特にプライバシーにかかわる質問には「先生は答えたくないなー」と言って、誰でも答えない権利があると教えるのが基本と一般的には言われていますが、それだけでは自分が拒否された、見捨てられたと感じる子どももかなりいると思います。幼児や障害児、つらい生いたちをしてきた子どもたち(被虐待児)さらにおとなさえも、その人その人の切実さに思いを寄せて、彼らの真剣な問に対して柔軟な態度で真摯に答えるということが大切だと思います。

●受精卵が着床し、赤ちゃんが生まれるまでというのは、実質、約九ヵ月なのです。

(永野佑子)

私、好きな人ができたの…

対象

障害児

キーワード

◎展開例

「私、好きな人ができたの…」私は出会った、たくさんの子どもたちから、この言葉を聞いてきました。「ねぇ、内緒よ」とそっと打ち明けてきたり、「内緒よ」と言いつつみんなに触れ回っていたり、行動に気持ちが素直に表れていたり、わざと大きな声で相手に伝えていたり、告白の場面に付き合わされたり…。

当たり前ですが、一人ひとり表現や行動が違います。これも当然ですが、その対応も一人ひとり違います。共通して言えることは、気持ちの問題なのでこちらの考えを押しつけるのではなく「好きな人ができた」ことを心から喜び、丁寧に話を聞いてあげていたことです。教師は聞き上手なことが、とても大切だと思います。

事例を一つ紹介します。

A夫は、人との付き合いが全く苦手です。好きな人には嫌がられるまでしつこくつきまとったり、わざと怒らせる行動をとってしまいます。暴言だけでなく暴力も出てしまいます。そんなA夫が高2の頃、最大の関心事は新入生のB子でした。「B子さんてかわいいよな、ね、どう思う」。

B子さんは確かにかわいくて、言葉使いも丁寧で自分の意思もはっきり表現する女生徒です。しかしA夫と同じように人との関わりに課題を抱えてもいました。A夫は、はじめはからかうことでしか関わりがもてず、B子を混乱させてしまったり、結果自分のイライラを募らせてしまうことが何度かありました。

「また、Bをおこらせっちゃったよ、すぐおこるんだ、あったまきちゃうぜ」。ここまできたらチャンス！こちらの出番です。「Aはさ、Bさんとどうしたいの?お話ししたいならできるような話し方しなくっちゃ」「遊びたいのね。だったら遊びたいと伝えなくちゃ」時には一緒について行き、言い方の見本をみせたり、「今の言い方いいねぇ」「Bさん、A夫の言いたいことわかった」となにげなくフォローしたりしました。人を好きになる力は偉大です。A夫は自分を一生懸命抑えながら、言い方を工夫したり、声の大きさを調整するようになりました。

ある日、昼食後遊ぶ約束をしてきました。昼食後の体育館。A夫は得意なバスケットをしてかっこいい所を見せたかったようです。B子さんは「私、バスケット大嫌い。バドミントンが好きなのバドミントンしようよ」。最初からつまずいてしまいました。A夫は不安な様子で何度もこちらを見ています。私はながめているだけ。A夫は何とか自分に折り合いをつけ、バドミントンにしました。

始めてみるとこれがまた大変。バドミントンというのは、ラリーをしようと思うなら相手のことを考えて打たなくてはいけないのです。人との関わりが苦手な二人です。3、4回であっという間に終わってしまいます。ここで頑張ったのがA夫、「なるべくゆっくりだよ、高めに上げると…ほら大丈夫」。優しく気長にB子に声かけをしていました。3、4回だったラリーも200回近く数えられるようになっていきました。

A夫が卒業するまで、喧嘩したり仲直りしたり傷つけあったり、さまざまなことをくり返しながら交流は続きました。卒業前の昼休みの屋上には、A夫の準備したCDに合わせ歌い踊る満足しきったB子の横で、クラスの友だちとボールゲームや鬼ごっこをして遊ぶA夫の笑顔がありました。

ポイント&アドバイス

- 日常の関係作りを、授業に生かします。
- 「好き」の意味、自分も相手も大切にすることのあり方が「こうあるべき」ではなく一人ひとりに合わせ丁寧に探っていけるそんな実践が大切です。

（日暮かをる）

51 いきなり、お風呂に入らないでね

◎展開例

父「この前、A夫がお風呂に入ったあとでお姉ちゃんが入ろうとしたらお湯の中に砂が残っていて『どうしたの!?これ』って言っていたでしょう。おぼえてるか？　昨日お父さんが入ろうとした時にも同じようだった。A夫はお風呂に入る時、からだを洗わないで、いきなりザップーンってとび込むことがあるんじゃないか？

それはエチケット違反だよ、からだに砂がついている時なんて当たり前だが、そうでなくたって汗やほこりがいっぱいついているんだから、お湯につかる前にそういうものを洗い落としてからじゃないと後から入る人に不快な思いをさせることになるよ。

それだけじゃなくて、おしりや性器もまず、お風呂に入る前にお湯をかけて、ちゃんと洗うこと。だってウンチやオシッコのかすがついていることがあるはずだから、それをそのままにして入ることは後から入る人に失礼だよ。

修学旅行なんかの時もそうだけど、友だちと一緒にお風呂に入る時もそういうエチケットを守ってほしいね。『子どもなんだから、それくらいいいじゃないか』という人もいるけれどやっぱり誰かが教えてあげないとなかなか気がつかないものだ、だから教えておくよ。

それからお風呂の中にタオルを入れないこともエチケットだ。性器をかくすためだろうがお湯の中にまで持って入りそのタオルでからだや頭をこすったりしている人、これも迷惑な行為だよ。もちろん性器はプライベートなと頃だから、人に見せないことは当然のマナーだがお風呂に入る時は別で、特にお湯の中には持ち込まないというのが大切なマナーだ。

さっき、おしりや性器を洗ってからと言ったけれど家のお風呂でもちゃんとそうしてるか？おしりや性器は柔らかいところだから顔や背中を洗うようにゴシゴシと力を入れてしないように。けれど適当にお湯をかけておしまいじゃなくキチンと洗うんだよ。A夫の場合ペニスをつまんで外側の皮を少しおろして洗うこと、洗ったらもとに戻しておくこと―ということはお風呂に入ったらまず手や指を洗うことからスタートだね。

おしりだってちゃんとウンチの出口を洗うんだよ。そうやって自分のからだのことや性器のことをよく考えて清潔にしてほしいし、ほかの人を不快にしないようにしてほしい」

ポイント&アドバイス

●この文章はお父さんが息子さんにということで書きましたが、娘さんにはもちろんお母さんがということになります。その時には月経の時の入浴についても触れてください。

●経血が多くてつらい時は、見合わせてもよいがなるべく入った方が、からだのためにはよいこと。

●ぬるめのお湯にユックリ入ること。

●清潔というだけならシャワーでもいいが、からだをやすめるには、お風呂がいいこと。

●洗い場も同じようにきれいに流しておくこと。それからお風呂は終い湯ではなく、最初のお湯がいいこと。

（村瀬幸浩）

ショーツを汚しちゃったの…

対象

キーワード

◎展開例

子「お母さん、私、ショーツを汚しちゃったの」

母「あら、どんなふうに？」

子「うん、ちょっと茶色っぽいんだけど、血液だと思う」

母「そうなの。いよいよ、あなたも初経を迎えたっていうことなのね。話してくれてありがとう。前に話した事があるからわかるでしょうけれど、あなたのタンスに用意してある生理用ショーツとナプキンで手当てしていらっしゃい」

子「うん、もうそうしたよ」

母「まあ、偉いわね。きちんと自分でできたのね。月経を迎えるということは、おとなの女性に近づいてきたということなんだけど、そういうことができるのもその一つね。あなたがそうやっておとなになっていくことは、お母さんはとても嬉しいわ。汚れたショーツだけれど、血液は石けんをつけて水で洗う時れいになるから、今度からも下着が汚れた時には、その部分だけでも洗って、洗濯機に入れておいてね」

子「わかった」

母「去年、あなたの身長がグンとのびた感じで、最近おっぱいも膨らんできたから、そろそろ月経も始まるかなと思っていたのよ。血が出るということで、びっくりしたり不安になったりする人もいるけれど、この月経の血液は妊娠に備えて子宮の内側の壁が厚くなっていたものが、妊娠が起らなかったから、その壁が崩れて血液と一緒にからだの外に出てくるものなの。数日間手当をすればいいことなんだけど、女性としては、ちょっと厄介なことだわよね。でも、お母さんが初潮を迎えた頃に比べると、今はいい生理用品もいろいろあるし、生理用のショーツもなかなかいいものがあるわね。ふつうのスポーツなら問題なくできるわね」

子「お風呂はどうすればいいの？」

母「シャワーでもいいけれど、できればきれいなお風呂にゆっくり入って、血液循環を良くすることがいいわね。血液で、お湯が汚れないかと心配ならば、ちょっと手で押さえて入ればいいことよ。心とからだをゆったりさせることは月経血の自然な排泄を促すことになるのよ。だから、お風呂に入るだけではなくて、生活全般のストレスを少なくすることは快適な月経期を過ごすことにもつながるの」

子「出血していても、病気なんかじゃあないのよね」

母「そうよ。それどころか、女性にとっては健康のバロメーターとも言えるものだわ。月経がいつあったかはメモしておくといいわね。おりもののようすとか、月経前、月経中になにか変化が感じられたら、それもメモしておくと、次の月経の時期を予測することもできるし、お医者様に相談する必要が生じた時には役に立つわ。そのうち、基礎体温を測ることも教えてあげるわね。自分の健康をそのように管理するのもおとなの女性として必要かもしれないわね。なにかわからないことや困ったことがあったらいつでも相談してね」

ポイント&アドバイス

- 成長を喜ぶ心を伝える。
- 不安をとり除くようにする。
- 女性であることの肯定感を持てるように話す。
- おとなの女性としての自立を促す。

（佐藤明子）

53

精子は、おしっことまじらないの？

◎展開例

父「A男、ちょっといいかい。話したいことがあるんだけどな」

子「え？ どんなこと？」

父「お前は、小さい頃はお父さんとよく一緒にお風呂に入ったけれど、5年生の頃から一人で入るようになったよね。自分でからだを洗えるようになったし、だんだんおとなのからだに変化していく頃だったからかな」

子「うん、まあ…」

父「この頃、お前はずいぶん背も伸びてきたし、たくましくなってきた感じがするんだが、そうやっておとなになっていくお前を見ていると、そのうち、お父さんとビールを飲める日も近いんだなあって思ったりして楽しみだなぁ」

子「へ～え」

父「ところで、男の子がおとなになっていく時の、とても大きな変化があるってことを今日は話しておきたいんだ。男には精巣があるってことはお前もよく知っているだろうけれど、この精巣が男のからだのおおもとのはたらきをしているんだよ。ここから出るホルモンで、からだがおとなの男に変化していったり、声が変わったり、心理的なものにも影響をしているんだ。それからこの精巣の中で、重要なはたらきがあるんだが、それは精子が作られるということなんだ。お前のからだでも、そろそろその準備が始まっていると思うよ。できた精子はそれを守る液と一緒になって精液となって、ペニスの先から出てくるんだ」

子「おしっこと一緒に？」

父「いや、そこはうまくできていて、通り道のと頃に弁があって、おしっこと精子は混ざって出ないようになっているんだよ。それを射精っていうんだが、はじめての射精を特に精通っていう。お前にもそれが近いのではないかと思う。夜、寝ている時に射精するのを夢精というんだ。乳白色の液体で、その中に精子がたくさんいるわけだ。パンツを汚してしまうようなことがあっても、おどろくことはないんだよ。おとなの男になっていくしるしだ。そんな時はパンツの汚れをちょっと洗って、洗濯機に入れておくといいよ」

子「お母さんに知られるのは恥ずかしいな」

父「まあ、そうだな。でも、お母さんも、お前の成長をきっと喜ぶと思うよ。大体の男性は精子を作り始めるとやがてそれをからだの外へ出したい、つまり射精したいという欲求を感じるようになる。それを『性欲』っていうんだ。男性のからだは生理的にそう作られていて、性欲を感じるようにもできているんだ。お父さんもこの性欲をどう扱ったらよいか、随分悩んだものだよ」

子「そうだったの……」

父「射精の方法にはマスターベーションというのがある。男は性器に手を当てていると、何だか落ち着くよなあ。そしてペニスに優しい刺激をもっと与えると射精もすることができる。これをマスターベーションというが、これは、自分の性を自分で楽しみながら性欲も解消できるといういい方法なんだ。でも、この射精やマスターベーションは、とてもプライベートなことだから、人に見せたり言ったりすることじゃあないんだよ。そういう経験をしながら、どんどんおとなになっていくというわけなんだ」

子「おとなになっていくって、大変なんだね」

父「そうだね。でも、とても楽しみなことでもあるよ。性については友だちとも相談するかもしれないけれど、なにかわからなかったり困ったりした時はいつでも相談してくれよ」

ポイント＆アドバイス

●子どもの成長を喜ぶ気持ちを伝えていく。

●父親の思春期の頃の様子を伝え、悩みが自分だけのことではないことを知らせる。

●子どもは既に知っていることもあるかもしれないが、父親が話すことに意義があるので、真実を語ってあげるとよい。

（佐藤明子）

テレビを見ていたら、いきなりベッドシーン…

対象

キーワード

◎展開例

いきなりっていうこともないでしょう。そこにいたるまでのストーリーがあるわけですから。そして、ストーリーによってベッドシーンの意味はまるでちがってきますよね。

無理やり、強引に、暴力的に、というようなら「ひどい、許せない！なによこれ！」と怒りをあらわにしたらどうでしょうか。

あるいは「この男ってずるいよネ、こうやってだまそうとするんだから——」とストーリーを先読みしてこのベッドシーンを批評しておくのもよいのではないでしょうか。

逆にいろいろな困難や障害をのりこえて結ばれた二人、ということでしたら「よかったわネ、幸せそうだわネ」とつぶやいたらいいと思います。つまりベッドシーンそのものがよい悪いでなく、ストーリーとの関係で、親がどう受けとめたか伝えられたらいいのではないかと思うのです。

ただいずれにせよ親子一緒で見ることになれば、どちらも多少の緊張をすることになるので、そういう可能性のあるドラマは避けた方がいい。ただし、そういう場面が出てきてしまったら急に黙りこむのもかえって変だし、見るのを妨害するのも不自然なことです。むしろ親の考えをはっきり表現してしまったらどうかということです。

＊エッチな雑誌など見つけてしまったら？

まず、見つけた場所はどこか、息子の部屋、ひきだしの中、布団の下、本棚に後ろ向きに…その他、ともかく掃除にでも入って発見した場合。

①「とうとう、そういう年ごろになったのか」と思って見すごす。

②ショックと怒りでひとこと言わないと気がすまないのであれば言った方がいい。例えば「なによ、これ！　女性を馬鹿にして。こんな本を夢中になって読んでるなんて頭にくるわ！　いい加減にしなさいよ」。そしてその後、息子の部屋には入らないようにする。

③夫に伝えて、ひとこと言ってもらうよう頼む。頼まれた夫（父親）にしてみれば、自分にだってあったことで別に目くじら立てるほどのことではないと思うでしょうが、チャンスを見つけて、こんなふうに言っておくのもいい。「お母さんが腹を立てたり悲しく思う気持はよくわかるよ。だからこれからなるべくこういうものは家に持ってこないこと、持ってくることがあってもお母さんが見つけるところでなくチャンとしまっておけ」と。

この②＋③というのがいいのではないでしょうか。

＊居間などに放っておいてあった場合

・「こういう本を読んでること自体腹が立つのにみんながいる居間に放置しておくなんて許せない、不愉快だ！こういうマナー違反は今後絶対にしてくれるな！」とピシッと言ったらいいと思います。

・このマナー、もちろんお父さんも守ってください。性はプライバシー、人を不快にすることは許されませんからね。「けじめ」ということをわが子にも教えておきましょう。

ポイント&アドバイス

●性的なことに関心を持つこと自体は自然で、健康なことであるが、親の気持ちを率直に伝えることも必要である。

●大切なことはT・P・O、つまり時と場所と状況をわきまえて行動するように話すこと。エチケット、マナーについて考えさせる。

（村瀬幸浩）

55 わたしの月経は、まだはじまらないの？

◎展開例

母「娘に『おかあさん、わたしもうすぐ中3なのに、まだ月経がこないよ。友だちはみんな始まっているのに…』と言われたのですがどう答えればいいのでしょう」

先生「なぜそんなことを聞くのか聞いてみましたか？」

母「ええ、友だちがナプキンの話なんかしていると、自分だけ仲間はずれになった気分。時々『〇〇はまだ子どもだもんね』って言われると、すごくむかついてくると言っています」

先生「まずあなたが話してくれたことが、お母さんは嬉しいと伝え、月経が始まる時期は人によってみんな違うし、かなり差があるから心配はいらないことを話してあげてください」

母「それも知っているとは言うんです」

先生「身長、体重、顔、性格だって好みだって、一人ひとりみんな違うでしょ。月経の始まる時期もそれと同じ。あなたの知らない間に、からだの中ではちゃんと準備が始まっているはずよ。と少し変化に注目させるのはどうですか」

母「でも娘の胸はまだ小さいですし…」

先生「でも、娘さんのからだは着実に変化していると思いませんか?」

母「最近、背が伸びたかしら?そういえばうっすら性毛も生えてきてるようです」

先生「そういう変化に注目させ、脳からはちゃんとホルモンを出しなさいという命令が出ておとなのからだになる準備がスタートしていると気づかせあげることが大切です。そんな話をすると、きっと自分のからだの変化をワクワク、ドキドキしながら受けとめられるはずです」

母「そうですね。娘はせっかく用意したナプキンやショーツのセットも携帯してないようです」

先生「この話をきっかけにレディーのたしなみとしていつでも携帯するようにアドバイスできるといいですね。また、ナプキンの種類もたくさんあるし、月経が始まったら、二人で相談しようというふうに話せると、娘さんも少しおとなになった気分になり、お母さんとこんな話ができてよかったと思うことでしょう」

母「そうですね。月経がいつ始まってもいいように、心も準備しておくことが大事ですね。娘にはなにか困ったことがあったらいつでも話してねと伝えたいです」

ポイント&アドバイス

初経スタートが早い場合、おとなの口から出てしまいがちなのが「もう始まったの?」という言葉です。このテーマのように遅いかな?と不安に思っている時に「まだこないけど、楽だからいいんじゃない」と、本人の気持ちを汲み取ってあげられない言葉かけも禁物です。

それは月経に対するマイナスイメージを持つことにつながるばかりか、おとなのからだになることを喜んでくれない母親には二度とからだのことは話したくないとなっていくことでしょう。月経というおとなへの階段の第一歩を上るにあたっては、次のことを気をつけたい。

●月経の仕組みは科学的に理解させ、始まりには個人差があるということを知らせる。
●月経に対するマイナスイメージを植えつけない。
●月経中のからだのトラブルを解消する方法はあるので、その時は一緒に考えるようにする。
●月経をいつ迎えてもいいように準備を整えておく。
●17・18歳になっても初経が始まらない場合は、医療機関に相談する。

(星野 恵)

うちの息子がマスターベーションを…

対象

キーワード

◎展開例

母「うちの子が性に目覚めたというか…お父さんにも言えなくて、正直、わたしとまどってしまって…」

先生「どうしましたか」

母「家のパソコンを使って、一人の時インターネットでアダルトサイトをしょっちゅう見ているようで、コンピューターの履歴に残っているんです」

先生「そうですか、対策として一つに有害情報を一定の基準で遮断する『フィルタリングソフト』があります。一般的な検索ソフトで『フィルタリングソフト』と打ち込むとたくさんの情報が出てきますので、参考にしてください。でも根本的な問題はそれだけではありませんね」

母「実はコンピューターを見て、一人であの子がしていることがたびたびあるようで、私が行くとあわててゴソゴソすることもあります。後始末のティッシュがゴミ箱に捨ててあるんですが、臭いますし…」

先生「男の子がその年頃になって、精通が始まるのも、マスターベーションするのも健康的なことでそれ自体は何の問題もありません。ただし他者を不快にさせないなど最低限のマナーがありますね。よい機会ととらえて、息子さんと性についてオープンに語ってみてはどうですか」

母「どんなふうに切り出してよいやら…」

先生「それを話すのは、お母さんではなく、できれば同性のお父さんに話してもらうのがいちばんですが、息子さんと親しい、信頼できるおとなの男性に頼んでもいいですよ。それも無理ならまず、射精やマスターベーションをお母さんが肯定的にとらえてください。おとなのからだになってきたことを喜び、でもおとなのマナーも身につけなければならないことを話してみるのがよいのではないでしょうか」

母「具体的にはどのようなことを話せばよいでしょう」

先生「性はプライバシーですから、エチケットとして自分だけのところで、後始末のことも含め、身の回りのことは自分で掃除して、清潔にするように伝えたらどうでしょう。メモに書いて渡すのもいいですね。ポルノ情報は、男性本位、暴力的で息子さんの性のイメージをゆがませる危険性が極めて高いものです。相手からみてイヤなことが多いと伝えて、できる限り、ゆったりした優しい気持ちで、マスターベーションができるとよいですね」

母「ほかに男の子の悩みってなにがあるのでしょう」

先生「男の子の悩みの多いものでは、マスターベーションの他に、ペニスの大きさとか、包茎があって、誰にも相談できずにいる場合が多いのです。どれも偏見が多く、マスターベーションのし過ぎで頭が悪くなるようなことはありませんし、ペニスの大きさも顔や身長が違うように人それぞれで気にしなくてよいのです。包茎も、まずほとんどが手術の必要などなく、お風呂で反転・露出させて、優しく洗って清潔にしておくことを心がけるようにすればいいのです」

母「でも、そのようなことをすべてうまく伝えられる自信はありません」

先生「わかります。保護者の立場で学校に性教育を要望するのがいいのではないでしょうか。それにご自分で話しにくかったら、男子の性を肯定的に扱った本を渡して『読んでおいてね。大切なことだから』と伝えてもいいですよ。お母さんも勉強になりますし」

母「そうですね。親も子どもや先生と一緒に勉強していけばいいんですね。すこし気が楽になりました」

（楢原宏一）

ポイント&アドバイス

●知識がなく精通を経験する児童・生徒も多くいます。誤った情報で罪悪感や性に対するマイナスイメージを与えることなく、自己肯定感を持てるアドバイスを心がけたいものです。

アダルトサイトは、なぜ危険なの？

対象

キーワード

◎展開例

（学校の相談室での会話）

母「息子には携帯電話を持たせているのですが、どうやら携帯電話のアダルトサイトを見ているようです。家のパソコンでも見ているみたいです。どう対応すればいいのかわからなくて」

先生「まず、具体的な対応としてフィルタリングがあります。自宅のパソコンや携帯電話にフィルターをかけることで、有害サイトへアクセスさせない方法です」

母「どうすればいいのですか」

先生「パソコンの場合は家庭で契約しているプロバイダーに相談してみてください。ソフトとして売られているものも利用できます。携帯電話の場合は、携帯電話会社のお店でフィルタリングについて相談してください。でも、フィルタリングには問題もあります。規制ジャンル（違法、アダルト、コミュニケーション、宗教など）によっては出会い系サイトにもアクセスできないが、最近流行っている「プロフ」という自己紹介サイトにもつながらなくなってしまうのです。つまり、フィルタリングという規制で対応するだけでは根本的な解決にはならないということです。また、フィルタリングは、もぐらたたきであることも知っておかないといけません」

母「では、フィルタリングという対策だけでは不十分だということでしょうか。なにが必要なのでしょうか」

先生「必要なのは、インターネットの使い方と危険性について家庭でも学習し、話し合うことです。例えば自己紹介サイトなど、しゃべらなくてもお互いの自己紹介が一瞬のうちに見てわかるという利点もありますが、相手の本当の姿は見えません。気軽に実名を公表してしまい、つきまとわれるということも起こります。また、ゲーム情報交換の掲示板からの出会いを通じて悪用する意図を持った人が近づいてきます。

ネットについては多少知らなくても、社会の危険性についてはおとなのほうが経験的に知っていることが多いはずです。ふだんから子どもとのコミュニケーションをとっておくようにすれば、子どもからの相談もしやすくなると思います」

母「それからアダルトサイトの危険性について教えてください」

先生「一つは誤った女性観や男性観を植えつけることです。女性を男性のオモチャとしてモノとして扱っていることです。男性もすべて狼や犯罪者であるかのように描かれ、そうするものだという刷り込みまで行われているのです。男女は性においても対等であることを伝えることが大切です。それから、アクセスした結果法外な料金を請求されることがあるということです。アクセスしたらいきなり『登録が完了しました』などとメールされると、罪悪感があることだけに誰にも相談できずズルズル続けてしまうこともあります。親に相談する勇気をもつよう話すことが大切です。そして性情報がすべて正しいことではないということ、売るための脚色であり、売るために誇張した性情報であることを知ることです。情報を批判的に読みとることが大切です。最後に、学校でも授業だけでなく家庭でのコミュニケーションからネットの危険性についてお互い学びあうとよいと思います」

ポイント&アドバイス

- 有害と思われるサイトにアクセスしにくいようフィルターをかけるフィルタリングがあることを知ってほしい。
- 性情報には売るために脚色したり、誇張したりしていることを伝える。
- 性情報の裏側にある女性をモノとして扱う点や、男性はだれもが襲う人間であるかのように描く点について、批判的に見ることを教える。男女は対等な存在であることを伝えてほしい。
- 出会い系、個人情報交換系のメール交換では、「おばあさんになりすまして赤ずきんちゃんを待ちかまえる狼」のような人たちがいることを教える。
- 子どもに見させたくないと思っても、それを強制しているだけでは解決しないので、性情報の危険性などについて話し、情報の読みとり方を伝える。

（貴志 泉）

わが子と恋愛について話そう

◎展開例

母「最近うちの子、お付き合いしている人がいるみたいなんですけど、このままにしておいていいのでしょうか？」

先生「好きな人がいるって素敵なことですね」

母「でもまだ中学生ですし、早いんじゃないですかねえ」

先生「普段から性に関して、全く話さないと、いざ交際が始まったりしても、改まった形で話さなくてはいけないので、ちょっと難しいですよね。しかし、これからでも遅くないですから、恋愛のドラマなどを見た時に、『これどう思う？』とか『こんな恋愛の形もあるの？』などちょっとした会話をしてみるよう心がけてみたらよいと思います。その時は、『好きとか確認しないでなりゆきでエッチしちゃうなんて…』など親の価値観も交えてかまわないと思いますよ」

母「でも、『お母さんやお父さんはどうなの？』と聞かれたり、質問された時はどう答えたらよいか、考えてしまうのです」

先生「そうなんですよ。なにか自分のことを聞かれたらと考えると、物怖じしちゃうんですよね。私も授業をしていると時々あります。『先生の初めてのエッチはいつですか』など…。でもそんな時には、〝プライバシー〟の話をします。そして、『その質問は私のプライベートなことなので、話したくない』と伝えます。そうすると子どもたちは納得してくれます。いくら親子といっても〝プライバシー〟はありますので、お互い尊重しなくてはいけないですよね」

母「じゃあ子どもがどなたかとお付き合いしていることもプライバシーだから、親といえども『禁止』『ダメ』ということはできないということですね。まだ未成年なんですけれど…」

先生「そういうことになりますね。しかし全く言えないわけではなく、親としての気がかりや心配を伝えることは、もちろんすべきです。また、日頃からの性についてコミュニケーション（会話）をとっておけば、相手がどんな人なのか、ちゃんと情報を伝えてくれると思います。きちんと紹介をしてくれると安心しますよね。そういう親子関係が築ければよいですね。また、お付き合いするうえでのマナー（避妊・性感染症）なども、話しておくとよいでしょう」

ポイント&アドバイス

●子どもは2～3歳頃にからだのしくみに興味をもったり、赤ちゃんってどこからくるのかなど、性についての会話をたくさん発信しています。しかし、親が「そんなこと言っちゃだめ！」と禁止すると、子どもは聞いてはダメな人なんだと思ってしまいます。やがて成長しても〝性〟の会話はタブーだと刷り込まれてしまいますから、思春期を迎える頃に男女交際などいろいろなことが起こってきても、親に相談したり会話をすることができません。そのような状態にならないためにも小さいうちから、からだのことを自然と話せる関係作りが求められます。しかし、中学生だからといっても手遅れということではありません。ちょうど思春期を迎える頃です。月経・射精についての話やテレビドラマなどを話題にして、きっかけを作ってみてください。もちろん、プライバシーはお互い尊重しましょう。

●「禁止」をするより、会話をきちんとして、性行為にかかわる避妊や性感染症などの総合的な知識について話してください。会話が苦手ならば、正しい知識が書いてある本などを渡して、それをきっかけに話を進めていくのも一つの手段かもしれません。子どもに性の話をするのは大変かもしれませんが、子どもを守ることにつながります。

（小田洋美）

59 彼からのメールに縛られているようで…

◎展開例

母「先生、実はうちの中3の娘、付き合って二ヵ月ぐらいたつ彼氏がいるみたいなんです。その彼氏と娘、二人ともケータイを持っているので当然の如く、しょっちゅうメールのやりとりをしているんです。最初のうちは娘も嬉しそうにしていましたし、近ごろの中学生だからメールのやりとりぐらいと思って私も放っておいたんですが、近ごろちょっと回数が多いような気がしたので、この前娘がお風呂に入っている時にこっそり着歴を見てみたら、一日にだいたい20回ぐらい、学校が休みの日になると50回以上にもなる時があるんです。これって、ちょっと多すぎるんじゃないかなあ、こんなことしていたら勉強なんかできないんじゃないかと心配になって、ご相談にうかがったんですけど、どうしたらいいでしょうか」

先生「お母さん、相談してくれてありがとうございます。こんなふうにお嬢さんの大事なことを相談してくれたことが、とっても嬉しいです。※1 実はお宅のお嬢さんだけでなく、近ごろそういう子どもたちが増えてきているのは事実です。子どもたちはケータイでしかつながれないとか、ケータイでつながっていないと不安になるという、いわゆるケータイ依存症や、時にはケータイで相手を束縛したり支配したりするというような、〝ケータイDV〟※2にもつながっていく場合があるんですよ。ところで、お嬢さんの様子で気になるようなことはないですか。例えば時々ふさぎ込んだり、投げやりな態度を取ったりとか…」

母「と言うか、この前娘のケータイをみた時にメールの中身もいくつか見てしまったんですけど、その中に『お前は俺の女なんだから、他の男とメールなんかするなよ』とか『この前なんですぐにメールの返事をよこさなかったんだ』て、書いてあったんです。それって、さっき先生がおっしゃった〝ケータイDV〟なんでしょうか?」

先生「そうですね、メールの中身を全て見たわけではないし、例えば二人で逢っている時にどんな付き合いをしているのかがわからないので、今すぐにそれが〝ケータイDV〟とは言い切れませんが、そこにつながる可能性はかなり大きいと思いますよ」

母「娘のケータイを見たことは、この前、正直に娘に言ったんです。そうしたら『付き合っている彼氏が私のことを好きだから、そんなふうに言ったりしてくるんだから構わない』と言うんです」

先生「それはもうかなり危ないですよ。この後の展開は、だいたいお決まりのパターンで『お前、俺のこと好きなんだろ。だったら、やらせろよ』これって、もちろんセックスのことですよ。と、いうようになりますよ。お母さんは、中学生がセックスをすることに賛成できますか? お嬢さんは、そんなことまで予測はしていないかもしれないし、今の状態で彼氏に迫られた時に、たぶん断れないんじゃないかと思いますが、どうですか」

母「……」

先生「お嬢さんとはまず、携帯電話を使う時のマナーやルールについて話し合ったり、お嬢さんがお母さんやお父さんにとってどれだけ大切な存在なのかということ、好きな相手を本当に大切にするとはどういうことかなど、一度じっくり話し合われてみたらどうですか」

母「わかりました。そうしてみます」

※1…相談を受けた時の第一声として大切な対応

※2…携帯電話による支配や束縛など

ポイント&アドバイス

●娘のケータイを見るということについては、ケータイの危険性の観点から、中学生までは場合によっては、親が見ることを条件として約束し、買い与えるとよいでしょう。

●ケータイによる「束縛」は、彼氏との関係だけではなく、友人やアダルトサイトなどとのアクセスを含め、様々なトラブルが起きていることを親自身が認識する必要がある。

●彼氏との関係は、どちらかが優位に立つというのではなく対等であることが大切だと伝える。

（今仁　美哲朗）

60 ケータイでトラブっているようなのですが…

対象 

キーワード 

◎展開例

付き合っていた男子とのメールが転送され、学校に来たくないという女子の母親との面談。

母「うちの子の様子が変なので問いただすと携帯メールの噂に悩んでいました」

先生「そうですか。お子さんの変化に気づいてすぐに相談に来てくださるお母さんで、よかったです。実は、学校でも表情が曇っていて心配していたところでした。それで、どんなことを言われているのですか？

母「娘が『キスしてから急に冷たい』というメールを、付き合っていた男の子が友だちに転送してしまい、学校中に流れて、『ヤリマン』とか、『俺ともしよーぜ』とか送ってくる男子が数名いたのです」

先生「それはひどいですね。それなのに、お子さんはよく頑張って学校に来ていますね」

母「でも、もう限界だって…。他校の生徒にまでメールが流れているようで、塾にも行きたがらないんです」

先生「中学校では、携帯を学校に持ち込むことを禁止しているので、トラブルや対処は、買い与えた保護者の責任で対応していただいていたのですが、今、深刻な問題となってきているのは、学校に持ち込まず電源を切っている『オフライン』と言われる生活圏にまで、携帯にまつわるトラブルが続き、携帯に支配されてしまう子どもが出てきています」

母「親としては、なにもしてあげられなくて、とりあえず携帯の契約は止めました。今思えば、そうした危険性などを考えず、携帯を買い与えたのが安易過ぎたのかもしれません。噂が広がってしまうことや娘の将来が心配です」

先生「噂は本人が動じなければ、やがて消えていきます。ただ、登下校時にセクハラなどの嫌がらせを受ける心配があるので、注意深くお子さんを見守ってあげてください」

母「しばらく送り迎えします」

先生「周囲のガードが堅いことを知らせるためにも、きっと有効だと思います」

母「学校に行きたくないと言う娘の悩みは、今後どうすればいいでしょうか」

先生「早めに時期をみて学級でこの問題については、お子さんの例としてではなく一般的に起きている事件としてとりあげてみます。彼女の心のケアは、保健室や相談室でカウンセリングをすすめます。ご家庭では、今まで通りあたたかく見守り、支えてあげてください」

母「塾には連絡した方がいいですか？」

先生「幸いうちのクラスの女子生徒たちが同じ塾に行っているので、学級で、卑猥ないたずらやメールは、『セクシュアルハラスメント』という犯罪であることを学習したうえ、被害の実態を調べてみます。実態調査の事実は、きっと口コミで塾にいる加害者となっている男の子にも伝わっていくと思います」

ポイント&アドバイス

●思春期の悩みの大半は、友人関係に起因するトラブルである。親からの自立の時期を迎えた子どもにとって、秘密を共有しあう親友がより重要になる時期である。しかし、現代の子どものコミュニケーション能力の低下は、あらゆる関係者が指摘している。孤独に向き合う訓練ができない子どもが、寂しさを紛らわすために、携帯を媒介とした他人との関係にのめりこんでいく例は多い。信頼できる周囲の人との関係性が求められる。

●未知の人と直接つながる楽しさや、緊張感のない関係は心地よいこともあろうが、匿名性の恐ろしさもある。多発する事件報道などを具体的に提示し、自分ならどうするか、なにができるか、日頃から話し合っておきたい。

●学校は一律に携帯を禁止するだけではなく、今起きている問題や、電磁波などの健康被害について調査や研究をし、インターネットのエチケットやリテラシー教育をすすめていく。

●保護者会などを利用し、現実に起きている中学生の携帯にまつわる事件を知らせる機会を設定する。

（金子由美子）

あとがき

大戸ヨシ子

忘れもしない昭和51年、小学校2年生の性教育、テーマは「わたしの誕生」でした。高学年の性教育にもぼつぼつと取り組んでいた時期でしたが、低学年の授業は初めてでした。

性交にふれての「いのちの成り立ち」を話すことなど思いもよらず、合体するなどという言葉さえも浮かんでこないような授業実践でした。

授業後、「それでは、質問のある人?」と言ったら、手が挙がるわ挙がるわ、次から次へと質問が山のように出てきて、後で学級通信にまとめてみると50数項目にもなっていました。「小学校の低学年でも、こんなに自分のルーツやからだのことを知りたかったのだ」と、今も鮮明な記憶として残っています。あれから数十年経ちました。今でも子どもたちは同じことを聞いてきます。「どうやったら赤ちゃんはできるのですか?」子どもたちにとっては永遠の質問なのですね。

本書は、そんな子どもたちの疑問に小学校や中学校、高校、養護学校、そして地域や家庭のそれぞれの職場で育んできた多くの仲間の実践集だと思っています。

まえがきにもありましたが、ここに紡がれている言葉は、子どもたちが本当に知りたがっていることを嘘をついたり、ごまかしたり、逃げたりしないで、正面から子どもと対峙し「性」を語っています。当たり前のことなのですが、「性」は知れば知るほど深くて広く、十分に質問に答えきれているとは思いません。ですが、今自分の目の前にいる子どもたちからの問いかけに対して、精一杯のメッセージを送っているはずです。

本書を手にしてくださったみなさん、どうぞ、おおいに活用し、参考にしてください。そして、ご自身の言葉で「性」を語ってください。子どもたちと「性」を語る時、向き合った時、わたし達が体験した子どもたちの素敵な感性や顔にたくさん出会うことになるでしょう。

最後になりましたが本書誕生にあたっては、『季刊ＳＥＸＵＡＬＩＴＹ』でも大変お世話をかけているエイデル研究所の熊谷耕さんの「先生、いい本を創りましょうよ」「バッチリですよ！」という熱い言葉に後押しされながら頑張ることができました。ありがとう。そして、執筆を快く引き受けてくださった皆様、出版をあたたかく見守り応援してくださった皆様に心より感謝いたします。これからも共に事実に根ざし、真実を見極めた豊かな性教育を展開していきましょう。

【編著者紹介】
大戸 ヨシ子（おおと よしこ）
元・公立学校養護教諭
佐藤 明子（さとう めいこ）
武蔵野美術大学非常勤講師
村瀬 幸浩（むらせ ゆきひろ）
一橋大学、津田塾大学、東京女子大学講師

ここがポイント！性と生のはなし 60選

2007年8月26日　初刷発行

編著者　大戸 ヨシ子・佐藤 明子・村瀬 幸浩
発行者　大塚 智孝
印刷・製本　中央精版印刷株式会社
発行所　株式会社エイデル研究所
〒102–0073 東京都千代田区九段北 4–1–9
TEL 03（3234）4641
FAX 03（3234）4644
© 2007
Printed in Japan　ISBN 978-4-87168-431-6　C3037